Wolfgang Böhme

Da geschieht eine selige Stille

Wolfgang Böhme

DA GESCHIEHT EINE SELIGE STILLE

Annäherung an Mystik

PATMOS VERLAG

Meiner Frau, der treuen Begleiterin des Weges, zugeeignet

Die Deutsche Bibliothek - CIP-Einheitsaufnahme
Böhme, Wolfgang
Da geschieht eine selige Stille : Annäherung an Mystik/
Wolfgang Böhme. - Düsseldorf : Patmos-Verl., 2000
ISBN 3-491-70329-8

Umschlagbild: Stonehenge / Wiltshire, England
© R. Nowitz / Nat. Geographic Premium
Umschlaggestaltung: Groothuis & Consorten, Hamburg
Satz: Utesch GmbH, Hamburg
Druck und Bindung: Bercker GmbH, Kevelaer

ISBN 3-491-70329-8

INHALT

„Herr, nun bin ich eine nackte Seele,
und Du in Dir selber ein reichgeschmückter Gott.
Unser zweier Gemeinschaft
ist ewiges Leben ohne Tod."
Da geschieht eine selige Stille,
und es wird ihrer beider Wille.
Er gibt sich ihr, und sie gibt sich ihm.
Was ihr nun geschieht, das weiß sie,
und damit tröste ich mich.
Aber dies kann nie lange sein.
Denn wo zwei Geliebte verborgen sich sehen,
müssen sie oft abschiedslos voneinander gehen.

Mechthild von Magdeburg

VORWORT

Wer sich mit Leben und Werk von Mystikerinnen und Mystikern beschäftigt, kann eine seltsame, eine aufregende Entdeckung machen: Mystik erweist sich nicht als etwas, das nur historisch interessiert, als etwas lange Vergangenes, sondern als wichtig gerade auch für unsere Zeit, als durchaus aktuell. Da springt ein Funke über, der das eigene Denken und Glauben verändert, ihm neue Dimensionen eröffnet.

So jedenfalls ist es mir ergangen, als ich mich im Rahmen meiner Tätigkeit an einer Evangelischen Akademie und im Rahmen der Gesellschaft der Freunde christlicher Mystik, die ich mit evangelischen und katholischen Christen zusammen gründete, näher mit Mystik zu beschäftigen begann.

In dieser Zeit fing ich auch an, Gedanken und Überlegungen, die mir kamen, in einer Art Tagebuch aufzuzeichnen. Eine Auswahl aus den so entstandenen Texten ist in diesem Buch zu finden. In ihnen wird der Versuch gemacht, eine Brücke zu schlagen zwischen den Grunderfahrungen der Mystiker und den Glaubens- und Lebensfragen unserer Zeit. Es sind „Annäherungen an Mystik", die den Leser dazu anregen wollen, sich selbst mit Mystik zu beschäftigen und sich von ihr zu einer vertieften Erkenntnis der Geheimnisse Gottes führen zu lassen.

Texte aus einem Tagebuch sind nichts Endgültiges. Sie zeichnen den Gedanken in seiner Entstehung auf, wie er „einfällt", wie er „aufblitzt". Noch sind keine Fußnoten zur Absicherung beigefügt, hat der innere Zensor seine Arbeit nicht begonnen. Aber vielleicht ist gerade dies einem Buch, das sich mit Mystik beschäftigt, angemessen. Sie bedarf der spontanen, freimütigen Aussage.

Die Texte des Tagebuchs werden nicht in der Reihenfolge ihrer Entstehung gebracht, sondern sind in Sinnabschnitte zusammengefaßt und so geordnet, daß der Leser einen Weg geleitet wird, der von der Suche nach Gott über die Erfahrung Gottes und seiner Liebe, über Leiden und Sterben zu Auferstehung und Ewigkeit führt.

Der Titel des Buches ist der Schrift „Das fließende Licht der Gottheit" der Mechthild von Magdeburg im 44. Kapitel des 1. Buches entnommen. Da heißt es im Zwiegespräch der Seele mit Gott:

Da geschieht eine selige Stille,
und es wird ihrer beider Wille.
Er gibt sich ihr, und sie gibt sich ihm.

Wenn der Mensch Gott findet, die Seele sich mit ihm vereint, schweigt aller Lärm, tritt jene Stille ein, die im Himmel herrscht und von der die Offenbarung des Johannes spricht (8,1)
Unio mystica, Vereinigung mit Gott, selige Stille – solche Höhepunkte mystischer Erfahrung sind weit entfernt von der Wirklichkeit, in der wir leben. Und doch dürfen wir uns danach sehnen, dahin auf den Weg machen, uns anzunähern versuchen.

Pfingsten 2000 *Wolfgang Böhme*

SIEBEN MYSTISCHE GRUNDERFAHRUNGEN

Eine Hinführung

Was ist Mystik? Das Wort wird vielfältig mißverstanden und mißbraucht. Manche stellen sich darunter etwas Verschwommenes, Irrationales vor, ein Feld für Gurus und Seelenfänger. Aber das ist ein Irrtum. Der erst vor kurzem verstorbene katholische Theologe Karl Rahner schreibt: „Es gibt Worte, in denen sich das Wissen, die Hoffnung und die Liebe, die Ideale ganzer Generationen und Jahrhunderte sammeln, Worte, die alles auf einmal sagen wollen, was den Menschen bewegt, und die, weil sie alles sagen wollen, immer in Gefahr sind, alles und nichts zu bedeuten ... Und zu diesen gehört auch das Wort Mystik. Auch das ist eines der Worte, in denen der Mensch alles zu fassen versucht, was er glaubt und was er sein will."[12]

In der Tat ist Mystik eines der großen Stichworte unserer Zeit, ein Hoffnungswort für viele, gerade auch für junge Menschen, für alle, die sich nach einer nicht allein vom Verstand bestimmten Religiosität, nach unmittelbarer Gotteserfahrung sehnen. Man kann Mystik als „eine intensive Form gläubiger Gotteserfahrung" bezeichnen, wie es Edward Schillebeeckx tut.[14] Von da aus wird es verständlich, daß der Rückgriff auf Mystik gerade in Zeiten religiöser Krisen erfolgt. So ermöglichten seinerzeit Gerhard Tersteegen und Matthias Claudius „durch ihre Übersetzung von Werken der quietistischen Mystik ... eine religiöse Überwindung jener christentumsfeindlichen Einflüsse, die von der französischen Aufklärung auf Deutschland ausgegangen waren". Der gleiche Autor, Winfried Zeller, macht in diesem Zusammenhang auch darauf aufmerksam, daß es Gedanken der Mystik waren, mit denen „Leibniz und Zinzendorf einen ökumenischen Brückenschlag zwischen den Konfessionen gewagt haben."[26]

Worin bestehen die Grunderfahrungen, die Mystiker und Mystikerinnen gemacht haben und von denen sie in ihren Schriften berichten? Davon soll hier die Rede sein. Dabei kann es selbstverständlich nicht darum gehen, ein auch nur einigermaßen vollständiges Bild mystischer Spiritualität zu geben. Dazu ist die Spannweite der Aussagen zu groß, sind die Persönlichkeiten zu verschieden. Es geht vielmehr nur darum, einige Schwerpunkte herauszuarbeiten, die dem Leser die Orientierung erleichtern. Wenn wir im folgenden von „Mystikern" sprechen (wobei immer auch die Mystikerinnen mitgemeint sind), soll damit zudem nicht gesagt sein, daß *alle* Mystiker diese bestimmte Erfahrung gemacht haben, und es soll natürlich auch nicht behauptet werden, daß sich Mystik in den genannten sieben Grunderfahrungen erschöpft, daß es nicht auch noch ganz andere Erfahrungen – z. B. auf dem Felde der Naturmystik – gibt.
Es mußte eine Auswahl getroffen werden, die sich danach richtet, welche Tendenzen der Mystik nach unserer Auffassung besonders wichtig sein könnten, wenn es um die Erneuerung der Frömmigkeit gerade auch unserer Zeit geht. Denn viele meinen, daß uns die Mystik in der religiösen Krise, in der wir uns weithin befinden, etwas zu sagen hat. Der schon erwähnte Karl Rahner war sogar der Auffassung, daß sie den entscheidenden Beitrag dazu leisten kann. Er schreibt: „Der Fromme von morgen wird ein ‚Mystiker' sein, einer, der etwas ‚erfahren' hat, oder er wird nicht mehr sein."[13]

1. Suche nach Gott

Mystiker haben erfahren, daß sie ganz und gar auf Gott angewiesen sind, daß sie seiner mehr als alles anderen bedürfen. Darum suchen sie Gott von ganzem Herzen. Noch viel mehr aber als der Mensch Gott sucht, sucht Gott den Menschen.

Meister Eckhart schreibt in den „Reden der Unterweisung“:

> So war die Rede von einem Menschen, der ein neues Leben von vorn beginnen sollte, und ich sprach in dieser Weise: daß der Mensch ein Gottsucher in allen Dingen und ein Gottfinder werden müßte zu aller Zeit und an allen Stätten und bei allen Leuten in allen Weisen. Darin kann man allezeit ohne Unterlaß zunehmen und wachsen und nimmer an ein Ende kommen des Zunehmens.[4]

Der Mensch – ein Gottsucher? Widerspricht das nicht unserer täglichen Erfahrung? Vielleicht mag das früher so gewesen sein, im Mittelalter, in der großen Zeit der Mystik, aber heute? Sind die Menschen unserer Zeit nicht nach ganz anderen Zielen unterwegs, versuchen ganz andere „Bedürfnisse“ zu befriedigen? Spielt Gott dabei überhaupt noch eine Rolle? Die Verbindung zu Gott ist keine Selbstverständlichkeit. Wir haben Gott nie „in der Tasche“. Wer Gott nicht mehr sucht, nicht jeden Tag neu sucht, nach ihm „schreit“ (Psalm 42), steht in Gefahr, den Kontakt zu ihm zu verlieren. Gott will „von ganzem Herzen“ (Jeremia 29, 13) gesucht werden, mit aller Leidenschaft und Kraft, deren wir fähig sind, nicht nur so nebenbei und am Rande.
Wer Gott so sucht, von dem will er sich, wie die Bibel sagt, auch „finden lassen“ (Jeremia 29, 14). Keiner macht sich da vergeblich auf den Weg. Bei Meister Eckhart lesen wir:

> Du brauchst ihn (Gott) weder hier noch dort zu suchen, er ist nicht weiter als bis vor der Tür des Herzens; dort steht er und harrt und wartet, wen er bereit finde, daß er ihm auftue und ihn einlasse. Du brauchst ihn nicht von weither zu rufen; er kann es kaum erwarten, daß du (ihm) auftust. Ihn drängt es tausendmal heftiger nach dir als dich nach ihm.[5]

Dem Suchen des Menschen steht kein ferner, fremder, in sich ruhender Gott gegenüber, sondern einer, den es „heftig“ nach dem Menschen verlangt, der wartet, der es kaum erwarten kann, daß er gefunden wird, ja, der sich aufmacht und dem Menschen entgegenkommt, wie der Vater im Gleichnis Jesu dem verlorenen Sohn entgegenkommt. Immer findet diese Bewegung Gottes auf den Menschen zu statt. Wer auf sein Leben zurückblickt, erkennt, daß nicht er es ist, der sich als erster auf die Suche macht. Gott ist uns schon lange zuvorgekommen. Nur weil wir von Gott gesucht werden, können wir ihn selber suchen, weil wir von ihm gefunden sind, ihn finden.

2. Nähe Gottes

Mystiker haben erfahren, daß Gott kein ferner, „transzendenter", sondern ein naher Gott ist, daß er in ihrem Herzen wohnt, zart ihre Seele berührt.

Meister Eckhart schreibt:

> Denn darin liegt ein großes Übel, daß der Mensch sich Gott in die Ferne rückt; ob nämlich der Mensch in der Ferne oder in der Nähe wandelt, Gott geht nimmer in der Ferne, er bleibt ständig in der Nähe.[6]

Solche Nähe Gottes zum Menschen, so schreibt Meister Eckhart an anderer Stelle, muß sogar als so groß angesehen werden, daß es da kein „Außerhalb" mehr gibt, sondern Gott „als mein Eigen und als das, was in einem ist" erfaßt werden kann. Auch für Teresa von Avila „wohnt" der dreieinige Gott „in der allerinnersten Mitte" der Seele, „ganz unten, in der Tiefe".[19]

Die Heilige Schrift spricht ebenfalls von dem „Christus in uns": „Oder erkennt ihr euch selbst nicht", schreibt Paulus im 2. Korintherbrief, „daß Christus Jesus in euch ist?" (13, 5) Und im Brief an die Epheser heißt es: „Deshalb beuge ich meine Knie vor dem Vater, der der rechte Vater ist über alles, was da Kinder heißt im Himmel und auf Erden, daß er euch Kraft gebe nach dem Reichtum seiner Herrlichkeit, stark zu werden durch seinen Geist an dem inwendigen Menschen, daß Christus durch den Glauben in euren Her-

zen wohne und ihr in der Liebe eingewurzelt und gegründet seid." (3, 14 ff.)
Christus in uns – damit wird die tiefste Erfahrung ausgesprochen, die der Christ machen kann, von der aus sein Leben eine neue Gestalt gewinnt, „christförmig" (Heinrich Seuse)[18] wird. „Ich lebe", sagt Paulus, „doch nicht ich, sondern Christus lebt in mir." (Galater 2, 20)
Ein wundersamer Tausch findet statt zwischen dem Ich, das sich in uns so raumgreifend breit macht, und Christus, der nun den Platz in der Mitte des Herzens einnimmt, uns mit seinem Geist erfüllt, unseres Lebens wahres, eigentliches Leben, unseres Herzens Herz wird. „Nicht ich" – das bedeutet eine gewaltige Veränderung, eine neue Richtung unseres Herzens auf Gott und den Nächsten hin. Wenn Christus in unserem Herzen wohnt, wenn im Heiligen Geist die Liebe Gottes in uns ausgegossen ist (Römer 5, 5), wird Gottes Kraft in uns mächtig, wird unser Leben neu, erfüllt Friede unser Herz. Das ist die wahre Revolution, die allein auch die Veränderung, die Erneuerung der äußeren Verhältnisse bewirken kann. Wir fühlen uns ermutigt, getröstet, auf den rechten Weg gebracht, der zum Ziel führt, was immer sich auch an Widerständen auftürmt.
Solche „Einwohnung" ist keine Verschmelzung von Gott und Mensch. Sie ist kein Aufgehen und Verschwimmen Gottes im Menschen und des Menschen in Gott, keine „Vergöttlichung". Gott bleibt Gott, und der Mensch – Mensch. Auch wenn wir wissen dürfen, daß Christus in uns lebt, daß er unser Leben ist, werden wir damit nicht zu Gott, nehmen nicht göttliche Natur an, sondern bleiben auf Gnade angewiesen, auf Erlösung, auf das Geschenk der göttlichen Erbarmung, das wir im Glauben empfangen. „Durch den Glauben" wohnt Christus in uns, in ihm und durch ihn verbindet er sich mit uns. Allein der Glaube ist „das Mittel der

mystischen Einwohnung Christi“ (Martin Dibelius), nichts anderes. Wo Glaube an das Evangelium ist, kann Christus den Platz in der Mitte unseres Herzens einnehmen, kann er unser Leben werden, in uns und mit uns wirken.
Auch Gerhard Tersteegen wußte darum, daß Gott im Herzen des Menschen gegenwärtig ist, daß wir ihn dort finden können. Er schreibt:

> Den Mittelpunkt von deinem Wesen
> Hat Gott zur Wohnung sich erlesen;
> Kehr sanft hinein, da offenbart
> Die Gottheit ihre Gegenwart.[21]

3. Wort Gottes

Mystiker haben erfahren, daß in der Heiligen Schrift Gottes Stimme vernehmbar ist, daß man in ihr Jesus Christus begegnen kann, in dem DAS WORT Mensch wurde.

Für Gerhard Tersteegen ist das Lesen der Schrift „die eigentliche mystische Erfahrung“[23]. In seiner „Anweisung zum rechten Verstand und nützlichen Gebrauch der heiligen Schrift“ schildert er, wie es geschieht, daß beim Lesen der Schrift Gott selbst gegenwärtig und seine Stimme vernehmbar wird. Da heißt es:

> Geschieht es etwa, daß du unterm Lesen gerühret, gestärket, gesammelt wirst, daß dich die Salbung des Heiligen Geistes inwendig lehren will, daß du auf eine sonderliche Weise von Gott und dessen Gegenwart oder von einigen seiner Vollkommenheiten gerühret, einwärts gezogen und im Geist damit beschäftiget gehalten wirst: ei so lies doch aus Unverstand nicht immer weiter, damit du solche kostbare Salbe nicht wieder verschüttest, sondern halte du stille, denn der Urheber der Schrift ist dir alsdann selbst gegenwärtig – stille mit allem deinen eigenen Denken, Wollen und Wirken, und überlaß dich ganz solchen teuren Wirkungen Gottes, um in innigster Stille und Abgeschiedenheit mit David zu hören, was der Herr selbst redet.

Wer solches erlebt habe, schreibt Tersteegen weiter, der glaube fortan nicht mehr allein um des Wortes der Schrift willen, „sondern man hat ihn selbst (Gott) auch gehöret und erkannt“.[22]

Welch ein ungeheures Geschehen! Es zeigt, was die Heilige Schrift in Wahrheit ist: nicht ein Buch neben Büchern, ein bloßer historischer „Text“, sondern Buch der Gottesbegegnung, in dem uns das EWIGE WORT, Gott selber, anspricht. Sie ist, wie Tersteegen es ausdrückt, „Heilsmittel“, dazu da, uns „zu locken und zu leiten zu ihm selbst, zu seiner innigen Gemeinschaft in Christo Jesu“.[22]

In unserer Zeit gibt es viele Menschen, die sich nach einer lebendigen Gottesbegegnung sehnen. Da ist es wichtig, von den Mystikern zu erfahren, daß und wie sich diese Begegnung gerade auch im Gebrauch der Heiligen Schrift, im Meditieren ihres Wortes, anbahnen kann. Auch wir können in ihr die „viva vox“ hören, die lebendige Stimme des Evangeliums, des Guten Hirten, der seine Herde zusammenruft. Dann begreifen wir, was Bernhard von Clairvaux gemeint hat, wenn er in Auslegung des Hohenliedes (Kapitel 1, Vers 1: „Er küsse mich mit dem Kusse seines Mundes!“) schrieb:

> Sein lebendiges, wirksames Wort ist mir ein Kuß ... ein Einguß von Wonnen, ein Aufschluß von Geheimnissen, eine wunderbare, gewissermaßen kaum mehr zu scheidende Vermischung des himmlischen Lichtes mit dem erleuchteten Geist.“[1]

4. Liebe

Mystiker haben erfahren, daß sie von Gott geliebt sind, und wollen ihn widerlieben. Sie sehnen sich nach der Liebesvereinigung mit Gott, der „unio mystica“.

Wenn in der Mystik von Liebe die Rede ist, dann ist zuerst die Liebe zu Gott gemeint. Genügt es nicht, den Menschen, den Nächsten, zu lieben? Könnte da die Liebe zu Gott nicht eher eine Konkurrenz sein, die die Kräfte bindet und von den irdischen Aufgaben ablenkt? So wird gefragt. Aber Gottesliebe und Nächstenliebe hängen zusammen, sind aufeinander angewiesen. Wo die Gottesliebe erkaltet, hört früher oder später auch die Nächstenliebe auf, hält nicht durch, ist Schwierigkeiten nicht mehr gewachsen.

Dreimal taucht im Liebesgebot Jesu das Wort „ganz" auf. „Von ganzem Herzen, von ganzer Seele, von ganzem Gemüte" sollen wir Gott lieben, oder, anders übersetzt: „aus ganzem Herzen, aus ganzer Einsicht und aus ganzer Kraft". Gott soll mit ungeteiltem Herzen geliebt werden, in bedingungsloser Zuwendung und Hingabe, mit Ausschließlichkeit. Neben ihm soll es keine anderen Götter geben. Ob wir Gott so lieben? Oder bleiben wir in Halbherzigkeiten stecken? Liebe ist u. a. auch Zeit, die wir für jemand anderen aufwenden. Wieviel Zeit wenden wir für Gott auf, das Gebet, den Gottesdienst?

Der „ganze" Mensch: Das ist der Mensch mit Denken, Wollen und Fühlen. Liebe hat es nicht nur mit dem Gefühl zu tun. Sie „wohnt in Herz und Seele und fließt über in Einsicht und Willen" (Ernst Lohmeyer). Die Mystik hat das gewußt, wir vergessen es heute nur zu leicht. Gerade auch der Wille ist angesprochen, unsere ganze Kraft sollen wir in die Gottesliebe legen. Wenn die Liebe nur im Gefühlsbereich ihren Ort hat, unterliegt sie den Schwankungen, denen Gefühle ausgesetzt sind, bleibt die Angst, daß sie enden kann. Die Liebe zwischen den Geschlechtern ist heute oft von solcher Angst gefährdet. Sie hindert manche Partner, sich auf Dauer zu binden. Wo aber der Wille die Liebe mitträgt, Menschen ihre ganze Kraft einsetzen, beieinander zu bleiben, kann sich

die Liebe immer wieder erneuern, haben die Partner den Mut, einander Treue „bis in den Tod" zu versprechen.
Auch die Liebe zu Gott ist darauf angewiesen, daß sie nicht nur im Gefühl verankert ist, sondern auch im Willen und in der Einsicht. Nur so ist sie dem Unglück und den Schicksalsschlägen gewachsen. Sofern sie Gefühl *und* gleichzeitig „Wille zur Liebe" ist, also eine „Richtung", die die Seele mit aller Kraft einschlägt, vermag sie auch in schwierigen Lagen, auch im Leiden durchzuhalten, ohne an Gott zu verzweifeln. Das hat die jüdische Mystikerin Simone Weil betont, die von 1909 bis 1943 lebte. Sie schreibt:

> Denn der Mensch kann durch das Grauen hindurch den Willen zur Liebe bewahren. In dieser Hinsicht gibt es keine Unmöglichkeit, kein Hindernis, fast könnte man sagen: keine Schwierigkeit. Man muß nur wissen, daß die Liebe eine Richtung und nicht ein Zustand der Seele ist. Weiß man das nicht, so stürzt man schon bei der ersten Berührung des Unglücks in die Verzweiflung.[25]

Von den Mystikern können wir lernen, was es heißt, Gott von ganzem Herzen zu lieben, sich ihm ganz hinzugeben. Die Sprache, in der sie ihr Erleben zu beschreiben versuchen, ähnelt oft der *Sprache von Liebenden,* auch wenn es sich doch um eine ganz andere Art von Liebe handelt. Ihr großes Vorbild ist dabei sehr oft das Hohelied, jenes alttestamentliche Buch, dem ursprünglich Liebeslieder zugrunde liegen, das aber als Schilderung der Liebesbegegnung zwischen der Seele als Braut und ihrem Bräutigam Christus verstanden wird.
In seiner Auslegung des Hohenliedes besingt Bernhard von Clairvaux die Liebe mit glühenden Worten:

> Oh Liebe: kopfüber, heftig, brennend und ungestüm! An etwas anderes zu denken, als an dich, läßt du nicht zu. Alles anderen bist du überdrüssig, alles ist dir gleichgültig, nur du selbst genügst dir! Du bringst die Rangordnungen durcheinander, hältst dich nicht an das Übliche und ignorierst jedes Maß.[2]

Und bei Mechthild von Magdeburg lesen wir:

> Nun geht die Allerliebste zu dem Allerschönsten in die verborgenen Kammern der unsichtbaren Gottheit. Dort findet sie der Minne Bett und Gelaß und Gott übermenschlich bereit …
>
> Da geschieht eine selige Stille,
> und es wird ihrer beider Wille.
> Er gibt sich ihr, und sie gibt sich ihm.
> Was ihr nun geschieht, das weiß sie,
> und damit tröste ich mich.
> Aber dies kann nie lange sein.
> Denn wo zwei Geliebte verborgen sich sehen,
> müssen sie oft abschiedslos voneinander gehen.[11]

Damit aber sind wir nun schon bei dem tiefsten und innigsten Geheimnis mystischer Gottesliebe: der Vereinigung der Seele mit Gott, der *unio mystica.* Wie die Liebe der Geschlechter in der Liebesvereinigung ihren Leib und Seele umgreifenden Höhepunkt findet, so die Liebe zu Gott im Einswerden mit Gott, von dem die Mystiker in zagenden Worten berichten.
Da heißt es bei Johannes vom Kreuz:

> Und in solcher Freude des Gebens liebt auch die Seele wie mit neu anhebender Liebe. Und so entsteht zwischen Gott und der Seele wirklich eine wechselseitige Liebe, in Übereinstimmung mit der ehelichen Vereinigung und Hingabe … Und einer sagt zu dem anderen, was der Gottessohn bei Johannes zum Vater sagt: „Alles, was mein ist, ist dein; und was dein ist, ist mein, und in solchem Austausch bin ich verherrlicht" (Joh. 17, 10). Solches vollzieht sich im anderen Leben, im beseligten Genießen, ohne Unterbrechung; hier jedoch geschieht es, wenn Gott in der Seele das Bewußtsein ihrer Umwandlung erweckt, obwohl der Vollzug noch nicht so vollkommen ist wie im anderen Leben.[7]

Was können wir den Schilderungen entnehmen, die Mechthild von Magdeburg und Johannes vom Kreuz von der *unio mystica* geben?

- Das Erlebnis der mystischen Vereinigung läßt sich nicht in Worte fassen. Die Seele muß, wie Mechthild sagt, sich damit trösten, daß sie selbst „weiß, was geschieht".

- Die Erfahrung der Vereinigung mit Gott bleibt zeitlich begrenzt, auf Augenblicke beschränkt." … aber dies kann nie lange sein", schreibt Mechthild. Erneute Trennung droht: „Denn wo zwei Verliebte verborgen sich sehen, müssen sie oft abschiedslos voneinander gehen." Der glückliche Augenblick endet.
- So ungeheuer das Erlebnis der Vereinigung nach dem Zeugnis der Mystiker auch ist, es bleibt doch immer unvollkommen. Noch ist das Endgültige nicht da, die Todesgrenze nicht überschritten. Das vollendete Einssein vollzieht sich, wie Johannes vom Kreuz sagt, erst „im anderen Leben, im beseligten Genießen, ohne Unterbrechung".
- Den Höhepunkt der Vereinigung beschreibt Mechthild damit, daß „ihrer beider Wille" geschieht. Auch hier ist wieder vom Willen die Rede. Gott und die Seele wollen einander gehören, es ist der gemeinsame Wille, der sie verbindet. Man wird einen solchen Satz nicht überinterpretieren dürfen. Aber man wird darauf hinweisen können, daß die mystische Vereinigung nicht als eine Verschmelzung mit Gott im Wesen, sondern im Willen gedacht werden muß (Karl Dienst). Der Wille des Menschen fügt sich dem Willen Gottes ein, so wie der Wille Christi im Willen des Vaters aufging, als er gehorsam wurde „bis zum Tode, ja bis zum Tode am Kreuz" (Philipper 2, 8), und im Garten Gethsemane betete: „Mein Vater, ist's nicht möglich, daß dieser Kelch an mir vorübergehe, ich trinke ihn denn, so geschehe dein Wille!" (Matthäus 26, 42)
- Gehorsam ist also kein Gegensatz zur Gottesliebe, sondern ihre Erfüllung. Liebe zu Gott ist die Aufgabe des eigenen Willens in den Willen Gottes hinein, Einheit des menschlichen Willens mit dem Willen Gottes, so daß es nur noch einen gemeinsamen Willen gibt: „Und es wird

ihrer beider Wille." Weil Mystiker so denken, so leben wollen, haben sie auch ein anderes Verhältnis zu Kreuz und Leiden, als wir es im allgemeinen haben. Darüber soll im nächsten Abschnitt gesprochen werden.

Vorher aber noch zwei Bemerkungen: Liebe zu Gott bedeutet gleichzeitig immer auch Liebe zum Mitmenschen, Nächstenliebe. Beides kann und darf nicht auseinandergerissen, gegeneinander ausgespielt werden. Im Doppelgebot der Liebe hat Jesus beides unzertrennlich zusammengefügt, wenn er sagt: „Du sollst lieben Gott, deinen Herrn, von ganzem Herzen, von ganzer Seele und von ganzem Gemüte. Dies ist das vornehmste und größte Gebot. Das andere aber ist dem gleich: ‚Du sollst deinen Nächsten lieben wie dich selbst'" (Matthäus 22, 38ff.) Auch für den Mystiker ist die Wendung zu Gott von der Wendung zum anderen Menschen, von Taten der Liebe begleitet, niemals selbstbezogene, bloße Innerlichkeit. Wenn Christus im Herzen wohnt, wird es ein den Nächsten liebendes Herz.

Und zum andern: Auch hier wieder findet jene eigentümliche „Inversion" (Eugen Biser) statt, die wir schon beim Suchen und Finden Gottes kennenlernten: Aktivitäten des Menschen offenbaren sich in Wahrheit als Passivität, Finden ist Gefundenwerden, Lieben ist Geliebtwerden. Wir lieben Gott, aber er hat uns schon „zuerst geliebt" (1. Johannesbrief 4, 19). Gottes Liebe kommt unserer Liebe zuvor, setzt sie in Gang. Für Meister Eckhart gibt es so im Grunde nur *eine* Liebe, mit der Gott (durch den Menschen hindurch und mit ihm) sich selber liebt. Er schreibt:

> Gott soll wirken, die Seele aber soll erleiden; er soll sich selbst in ihr erkennen, sie aber soll erkennen mit seiner Erkenntnis und soll lieben mit seiner Liebe.[4]

Man kann nicht schöner davon sprechen, daß alles Gnade und nichts Werk des Menschen ist.

5. Leiden

Mystiker fliehen das Leiden nicht. Sie erfahren es als Weg der Läuterung, als Auszeichnung. Im Leiden wissen sie sich mit Christus und seinem Kreuz verbunden.

Leiden läutert, schreibt Johannes vom Kreuz:

> Denn im Leiden findet sie (die Seele) ihre größte Wonne und ihren höchsten Gewinn, weil es ein Mittel ist, um tiefer in die Wonnen und Tiefen der Weisheit Gottes einzudringen. Das Leiden läutert, und je mehr die dadurch hervorgerufene Reinheit zunimmt, desto tiefer und klarer wird auch die Erkenntnis und desto vollkommener und erhabener der Genuß, weil er aus einem tieferen Erkennen entspringt ... Denn das Kreuz ist die Pforte zum Eintritt in die Reichtümer der Weisheit Gottes, und diese ist eng.[8]

Leiden ist der Weg, der zur Pforte des Himmels führt, heißt es auch bei Heinrich Seuse;

> Siehe, die gute Seele blüht auf im Leid, wie die schöne Rose im Tau des Maien. Es ist der enge Weg, der da herrlich hinaufführt zur Pforte des Himmels ... Leiden kleidet die Seele in ein Rosengewand von Purpur ... Um es kurz zu machen: Die Leidenden heißen vor der Welt die Armen, ich heiße sie die Seligen, denn sie sind meine Auserwählten. [17]

Die Kreuzzüge haben die abendländische Christenheit mit dem Heiligen Land in Berührung gebracht. Die Kreuzfahrer lernten die Stätten kennen, an denen Jesus gewirkt hat, den Hügel Golgatha, auf dem er starb, und berichteten davon. Das stellte den Menschen Jesu Leben und Leiden deutlicher als bisher vor Augen. Das Bild Christi als Weltenherrscher, als Pantokrator, wie ihn die romanische Kunst darstellte, wurde durch das Bild des leidenden, des gekreuzigten Christus abgelöst, wie ihn nun die Gotik zeigt. Die so gestalteten, tiefer Frömmigkeit entsprungenen Andachtsbilder des Mittelalters, der Hochzeit der Mystik, wollten die Gläubigen dazu führen, sich in Jesu Leiden zu versenken, mitzuleiden, die Größe seiner Liebe zu erkennen, selbst lieben zu lernen: „Das tat ich für dich, was tust du für mich?“

Gerade auch Bernhard von Clairvaux ist es, der den gekreuzigten Christus in den Mittelpunkt stellt:

> Das ist meine erhabenste Philosophie ... Jesus zu erkennen, und zwar den gekreuzigten. Christus spricht: Wer teilhat an meinen Leiden, der hat auch teil an meiner Herrschaft.[3]

Können wir solche Gedanken nachvollziehen? Versenken wir uns – z.B. in der Passionszeit – noch in das Leiden Christi, versuchen aus ihm Kraft und Trost zu gewinnen? Gewiß: Manches in der Leidensbereitschaft, ja Leidenssehnsucht des Mittelalters erscheint uns übertrieben, ist für uns nicht nachvollziehbar. Aber die Grundfrage bleibt: Wissen wir noch, daß Leiden nicht einfach nur sinnlos sind, sondern daß sie etwas Positives bedeuten können?
Als Martin Luther bei der Vorbereitung der Vorlesung über den Römerbrief im 8. Kapitel bei Vers 28 angekommen war („Wir wissen aber, daß denen, die Gott lieben, alle Dinge zum besten dienen ..."), schrieb er:

> Aber es ist richtig: süß ist die Liebe, die lauter Wohlgefallen (am andern) ist, weil sie des Geliebten genießt. Eine solche Liebe aber schenkt Gott seinen Auserwählten in dieser Welt nur für Augenblicke und nur mit Maßen ... So muß man unter dem Wort „Liebe" immer Kreuz und Leiden verstehen.[9]

Wer vom Kreuz nichts mehr wissen, es eliminieren und vergessen machen möchte, verliert den Mittelpunkt des Glaubens und läuft Gefahr, ihn zu einer optimistischen Utopie werden zu lassen, die den Bedrängnissen des Lebens nicht mehr standzuhalten vermag.
Freilich, etwas muß gleichzeitig gesagt werden: Für den Christen sind Leid und Unglück niemals allbeherrschend, nie können sie den Raum der Seele ganz einnehmen. Wo Leid ertragen, im Glauben an den Gekreuzigten und im Blick auf ihn geduldig ertragen wird, stellt sich immer auch schon Freude ein. Die Diener Gottes, schreibt Paulus, erweisen sich „in großer Geduld, in Trübsalen, in Nöten, in

Ängsten ... als die Traurigen, aber allezeit fröhlich ..." (2. Korinther 6, 4.10). Jesus hat in der Bergpredigt die Leidenden selig, glückselig, gepriesen: „Selig sind", so heißt es da, „die da Leid tragen; denn sie sollen getröstet werden" (Matthäus 5, 4). Solche Seligkeit gründet darin, daß im kommenden Gottesreich aller Schmerz aufhören, alle Tränen abgewischt werden sollen von den Augen. Gewiß, das ist ein Verweis auf die Zukunft. Und doch sollen die Jünger nicht erst zukünftig selig sein, sondern sind es schon jetzt, wenn sie Jesu Zuspruch annehmen. Schon jetzt und hier beginnt die Freude, mitten im Leid. Darum kann die Gemeinde singen: „In dir ist Freude, in allem Leide, o du süßer Jesu Christ."[16]

Christen sind niemals ganz trostlos. Immer ist in ihrem Herzen – trotz allem Leid und in allen Schmerzen – doch auch eine andere, eine tröstende Stimme da, zieht sich als *cantus firmus* durch alles hindurch, kann ganz leise werden, hört aber doch nicht auf. Das Leid, der Schmerz bleiben, aber sie sind nicht mehr alles. Noch ist das Kreuz aufgerichtet, schon aber bricht der Ostermorgen an. Gerhard Tersteegen beschreibt die spannungsvolle Situation, in der sich der Christ befindet:

> Den Leib ans Kreuz geheft', die Seel' in innern Leiden,
> Der Geist in Gottes Hand, gelassen, still und froh;
> Bedrückt und doch vergnügt, betrübt und doch in Freuden:
> O schöner Christenstand, o Seele, wärst du so![20]

6. Gegenwart Jesu

Mystiker suchen den persönlichen, vertrauten Umgang mit Christus. Sie haben es erfahren, daß er nicht tot ist, sondern lebt.

In einer am 2. Ostertag 1756 über Lukas 24, 13–33 gehaltenen Rede sagt Gerhard Tersteegen:

> Ja, möchte mancher denken, das glauben wir ja; Christus ist auferstanden, darum halten wir Ostern. Lieber Mensch, untersuche dich genau, ob dein Glaube nicht etwa ein eitler Glaube sei, ob du auch davon völlige Gewißheit habest durch eine wirkliche Erfahrung in deinem Herzen. Denn das heißt und ist nicht die Auferstehung Christi glauben, daß ich das so bloß historisch glaube, und bei einem solchen bloß historischen Glauben so in meiner Natur dahinlebe. Von der Auferstehung müssen wir eine Gewißheit, eine völlige Gewißheit haben; wir müssen von ihm, dem lebendigen Heiland, auch was Lebendiges in unseren Herzen empfangen haben, sonst ist unser Glaube eitel. Jesus, der vor mehr als 1700 Jahren ist auferweckt worden, der muß es uns erfahren lassen, daß er lebendig und nicht tot, daß er nahe und nicht ferne sei.[24]

Manche sind in Gefahr, Jesus nur als historische Persönlichkeit zu sehen, als ethisches Vorbild, als Revolutionär, als Friedensfreund etc., der vor inzwischen fast 2000 Jahren verstorben ist. Sie suchen ihn, wie die Frauen am Grabe, „bei den Toten“ (Lukas 24, 5). Aber Christus ist auferstanden, er lebt. Er ist Helfer, auch heute noch, Begleiter in allen Lebenslagen, das Gegenüber, mit dem das Gespräch nie abreißt.

Es gibt Mystiker, die das in besonderer Weise, geradezu „handgreiflich“, erfahren haben. Einen eindringlichen, wenn auch vorsichtig formulierten, Bericht hat Teresa von Avila davon gegeben:

> Als ich mich … im Gebete befand … sah ich oder, besser gesagt, nahm ich wahr – ich sah nämlich weder mit den Augen des Leibes noch der Seele etwas –, daß Christus ganz nahe bei mir stand … Es kam mir vor, als befinde sich Jesus immer an meiner Seite; weil dies aber keine einbildliche Vision war, sondern eine undeutliche intellektuelle Vision, so sah ich auch keine Gestalt von ihm, erkannte jedoch sehr klar, daß er selbst zu meiner Rechten ging und Zeuge meines Tuns und Lassens war. Sobald ich mich nur ein wenig sammelte, oder wenn ich nicht gar zu sehr zerstreut war, mußte ich wahrnehmen, daß er sich neben mir befand.[20]

Nicht vielen ist eine solche Vision zuteil geworden. Jeder aber, der sich Christus anvertraut, kann Augenblicke größter Nähe erleben, kann erfahren, daß er begleitet und geführt wird, daß er nicht allein ist, eben: daß Christus lebt. Ein schönes Zeugnis davon hat in unseren Tagen Roger

Schutz, der Prior der evangelischen Bruderschaft von Taizé, gegeben. Er schreibt in einem seiner Tagebücher:

> Auf der Suche nach dem Auferstandenen bewegt sich der Mensch in der Wirklichkeit des Reiches Gottes. Sie ist unermeßlich, sie hat weder Anfang noch Ende. Das Gebet erschließt eine grenzenlose Gemeinschaft unter Millionen und Abermillionen Glaubenden. Es knüpft eine Beziehung zur Ewigkeit Gottes. Die Gegenwart Christi kann für einen Moment blitzartig fühlbar werden, und dennoch währt diese Begegnung nur einen Augenblick, manchmal begreift man erst später: Ja, ER war da, es war ER![15]

7. *Zeit wie Ewigkeit*

Für Mystiker verschränken sich Zeit und Ewigkeit. Wer stille wird und sich in Gott versenkt, für den bricht schon in der Zeit die Ewigkeit an. Er lebt im „göttlichen Augenblick".

Jakob Böhme pflegte in das Gästebuch seiner Freunde den folgenden Vers zu schreiben:

> Wem Zeit ist wie Ewigkeit
> und Ewigkeit wie die Zeit
> der ist befreit
> von allem Streit.

Die Erfahrung ewigen, dem Tod enthobenen Lebens kann sich schon jetzt und hier einstellen, kann im Glauben geschenkt werden. „Wer da lebt und glaubt an mich", sagt Jesus, „der wird nimmermehr sterben" (Johannes 11, 26). Wir kennen Augenblicke solchen Friedens, wenn das unruhige Herz Ruhe findet in Gott. Da hat die Ewigkeit schon begonnen.

Für Martin Luther taten sich die Pforten des Paradieses auf, als er erkannte, daß Gottes Gerechtigkeit den Sünder nicht straft, sondern ihm vergibt und ihn rettet: „Hier fühlte ich mich völlig neugeboren und als wäre ich durch die geöffneten Pforten des Paradieses selbst eingetreten"[10] so schildert er das Glück dieser Entdeckung, die er beim Studium der Bibel im Schwarzen Kloster zu Wittenberg macht. Seitdem haben viele Menschen ähnliche Momente tiefen Glücks erlebt, wenn ihnen Gewißheit der Gnade Gottes zuteil wurde: es ist die bestimmende Erfahrung des Christentums. In der Versenkung ins „stille Nun", den „göttlichen Augenblick", gibt es für Gerhard Tersteegen kein Vorwärts und Zurück mehr, keine Zukunft und Vergangenheit. Da ist Ewigkeit. Da kann sich Gott zeigen.

> Senk dich in's stille Nun, den göttlich'n Augenblick,
> Sanft, lieblich und gedenk' nicht vorwärts noch zurück!
> So überlaß dich Gott, dich innig in ihn neige
> Und warte in Geduld, bis er sich selbst dir zeige![20]

Ein von Mystik geprägter Glaube ist auch in unserer Zeit möglich. Wer sich in Gott versenkt, auf ihn wartet, dem kann der „göttliche Augenblick" geschenkt werden, von dem Tersteegen spricht.

ANNÄHERUNGEN AN MYSTIK

An den Leser

Annäherungen an Mystik. Es können nicht mehr als Annäherungen sein, wenn wir Menschen von heute uns mit Mystik beschäftigen. Zu weit ist die Entfernung zwischen der Glaubens- und Erfahrungswelt, in der die Mystiker des Mittelalters lebten, und unserer Zeit. Und doch dürfen Annäherungen versucht werden. Das, was Mystiker gesagt und erfahren haben, kann auch heute noch einen Widerhall finden, ja, uns bei der Entfaltung eigener und unserer Zeit gemäßer Spiritualität helfen.

Wenn sich einer mit Mystik beschäftigt, um in seinem geistlichen Leben Fortschritte zu machen, kommt es weniger darauf an, daß er die Gedanken der Mystiker über Gottesgeburt, den Seelengrund, die Bewältigung des Leidens etc. übernimmt, sondern darauf, daß er durch das Lesen mystischer Texte etwas von dem Geist spürt, der sie bewegt hat, von der Liebe, die in ihrem Herzen glühte, von der Unbedingtheit und Radikalität, mit der sie nach Gott suchten. Da kann ein Funke überspringen, der uns selbst befähigt, neu und intensiver nach Gott zu suchen, ihn inniger zu lieben, Christus in seinem Kreuz nachzufolgen. Dann werden wir auch erkennen, welche Erfahrungen der Mystiker für uns wichtig sind, welche ihrer Erkenntnisse wir übernehmen können und welche nicht. So ist Tersteegen ein Mystiker geworden, indem er sich mit dem Werk vieler Mystiker beschäftigte.

Texte, die es mit Mystik zu tun haben, sollten auf eine ihnen gemäße Weise gelesen werden. Ihrem Buch „Der Spiegel der einfachen Seelen“ hat die Mystikerin Margareta

Porète, die 1310 in Paris von der Inquisition verbrannt wurde, den Wunsch mitgegeben, „man solle es mit großem Eifer des tiefschürfenden Erkenntnisvermögens und mit großer Behutsamkeit von innen heraus lesen". In gewisser Weise gilt dies von allen Büchern, die zur Besinnung führen wollen. Man kann sie nicht einfach „durchlesen". Ihre Texte sind vielmehr zum Innehalten und Verweilen gedacht.

SUCHE NACH GOTT

Mystiker haben erfahren,
dass sie ganz und gar auf Gott
angewiesen sind, dass sie seiner
mehr als alles anderen bedürfen.
Darum suchen sie Gott von ganzem Herzen.
Noch viel mehr aber als der Mensch Gott sucht,
sucht Gott den Menschen.

Erfahrung

Wer von Mystik sprechen oder schreiben will, sollte bei dem anfangen, was er selbst erfahren und erlebt hat, von jenen „glücklichen Augenblicken“ Zeugnis geben, die Gott ihm schenkte. Ich möchte die Erfahrungen nennen, die mit empfangener Vergebung zusammenhängen, das Gefühl der Befreiung und höchsten Glückes, das sich einstellt, wenn man begreift: dir sind deine Sünden vergeben, du bist gerechtfertigt, frei. Da ist es uns, als wären wir – wie Luther es ausgedrückt hat – „durch die geöffneten Pforten in das Paradies selbst eingetreten“.

Welches ist die eigentliche, die Grunderfahrung, von der der eigene Glaube lebt und seine Kraft erhält? Es ist gewiß die Erfahrung, daß Gott dem Sünder ohne Verdienst und gute Werke gnädig ist. So weiß auch ein einfacher Mensch oft mehr als die klügsten Köpfe, wenn er nur eine solche Erfahrung gemacht hat.

Wo aus Erfahrung von Gott geredet wird, erwacht er in den Herzen der Menschen. Die innige Liebe zu Gott, von der Spiritualität spricht, zündet auch in unseren Herzen ein Feuer an.

Gott kann man nur erfahren, wenn man Gott erfahren will und nichts anderes.

Der Glaube beruht nicht nur auf der *eigenen* Erfahrung, so wichtig diese für den einzelnen Christen auch ist. In ihn strömen auch die Erfahrungen ein, die Menschen vor uns gemacht haben, das ganze Wissen, Erkennen und Glauben durch die Jahrtausende von den biblischen Zeiten an. Da gibt es dann auch Aussagen und „Lehren“, die im eigenen Erfahrungsbereich noch nicht aufgetaucht sind und darum doch nicht als unwahr und unwichtig beiseite geschoben werden dürfen. Beides ergänzt sich: die eigene Erfahrung und die im Glauben der Kirche aufbewahrten Erfahrungen der Jahrtausende. Gerade auch dort, wo es um mystische Spiritualität geht, darf das nicht vergessen werden, wenn Mystik nicht zum Sprengsatz geraten soll.

Wer über Gott nachzudenken, ja, ihn zu denken beginnt, – sei es, daß er das aus dem heraus tut, was er selbst weiß und fühlt, sei es, daß er sich dabei auf die Gedanken anderer Menschen oder auf die Aussagen der Heiligen Schrift stützt – wird über Gott mancherlei sagen, einen Gedanken aus dem andern entwickeln, vielleicht ein großes theologisches Gebäude errichten können. Aber das alles bleibt abstrakt und tot, solange nicht jener Funke aufglüht und das ganze Gebäude erleuchtet, der aus der Erfahrung Gottes stammt. Solche Erfahrung mag noch so klein und ungelenk sein – sie ist trotzdem der Kern, von dem alles andere sein Licht und sein Leben erhält.

Es gibt eine Sucht nach Erfahrung, als müsse Gott seine Existenz und Gegenwart beweisen, damit wir glauben können. Solche Sucht, die auch in der Sehnsucht nach Mystik lebendig sein kann, greift in Gottes Freiheit ein. „Der Geist weht, wo er will" und: „Selig sind, die nicht sehen und doch glauben". Auch das ist eine Seligpreisung: Glauben ohne Erfahrungsbeweis, ohne etwas zu sehen oder gar zu „schauen". Wer nicht bereit ist, durch diese „dunkle Nacht" völligen Mangels an Erfahrung zu schreiten, wird auch dort, wo er mystische Erfahrungen zu haben meint, sehr oft Täuschungen unterliegen.

Erlebnis und Erkenntnis laufen normalerweise nebeneinander her. Nun aber verbinden sie sich in einem Akt von größter Intensität des Denkens und Fühlens, der den ganzen Menschen durchdringt und nicht zweifeln läßt: da ist der Gott am Werke, von dem die Heilige Schrift redet, Er spricht mit mir, Er handelt mit mir. Wir erkennen, daß das, was wir erleben, nur von Gott her und auf ihn hin verstanden und recht gedeutet werden kann. Was bisher nur eben religiöses Wissen war, durchströmt nun glühend das Herz und brennt ihm ein unauslöschliches Siegel ein. Solchen Augenblick kann man nie mehr vergessen. Sollte die Gottesbeziehung matt und schwach werden, sollten sich Zweifel einstellen, können wir stets zu solchem Ursprungserleben zurückkehren, aus ihm Kraft und Gewißheit schöpfen.

Erfahrung Gottes kommt, wie der Geist Gottes, wann und wo sie will. Sie ist nicht verfügbar, kann nicht durch Methoden herbeigezwungen werden.

Oft ist es so, daß Menschen hoher geistlicher Erfahrung auch besonders gefährdete Menschen sind. Der Apostel Paulus berichtet davon, daß er bis in den dritten Himmel entrückt wurde und „unaussprechliche Worte“ hörte (2. Korinther 12, 4). Gleichzeitig spricht er davon, ihm sei „ein Pfahl ins Fleisch gegeben“, auf daß er sich „nicht überhebe“. Fortschritte in geistlicher Erkenntnis und Versuchungen gehören zusammen, wie auch die Geschichte der Heiligen ausweist. Heilige, die blütenweiß durchs Leben gingen, sind Legendengestalten, keine Heiligen.

Wir können Gott nicht erfahren. Wir können ihn nur glauben. Aber wenn wir ihn glauben, werden wir ihn auch erfahren. Wir werden dann das, was wir erleben, auf ihn beziehen, darin seine Liebe erkennen.
Die Sucht nach Erfahrung verhindert Erfahrung. Der Glaube ist ein Geschenk. Darum ist auch jede Erfahrung ein Geschenk.

Das Leben des Christen ist auf das Wunder gestellt. Es sieht alles aus wie bei anderen Leuten, und es läßt sich auch nicht beweisen, daß „der Herr seine Heiligen wunderbar führt“ (Psalm 4, 4). Denn wir wissen nicht, wie unser Leben ohne Gottes gnädige Hilfe und Führung verlaufen wäre. Wir kennen den Unterschied nicht. Aber im Glauben wissen und erfahren wir, daß Gottes „kräftige Hand“ (Luther) uns leitet. Manchmal, an besonderen Stellen des Weges, ist es uns unwiderleglich deutlich geworden: Ja, da ist Gott am Werke gewesen.

Suchen

Gott – das nur betend zu sprechende Wort.

Wer sich ein zu genaues Bild von Gott macht, wer meint, er wisse, wer er sei, und den sucht, den er schon vorher zu kennen meint, wird Gott verfehlen. Gott läßt sich so nicht finden, weil es ein falscher Gott ist, der so gefunden würde.

Wir müssen uns mit Gott „beschäftigen", wenn wir ihn nicht aus den Augen verlieren wollen. Das ist die Not unserer Zeit, daß wir so wenig Zeit für Gott haben, uns nicht mehr um ihn kümmern, um ihn mühen. So können wir uns nicht wundern, daß er uns undeutlich wird, ja, ganz entschwindet.

Die Menschen beschäftigen sich weithin nicht mehr mit den letzten, sondern nur noch mit den vorletzten Fragen. Das macht sie so anfällig für Angst. Denn die vorletzten Fragen sind die im Grunde unlösbaren Fragen, auf die es nur vorläufige, keine endgültigen Antworten gibt. Die letzten Fragen aber sind die Fragen nach Gott, nach dem Sinn des Lebens, nach der Überwindung des Todes, der Auferstehung der Toten.

Mit Gott erfüllt werden bedeutet: neu werden.

Man muß Gott immer zu allem hinzudenken, dann erst wird die Wirklichkeit – Wirklichkeit. Mit der Devise, „als ob Gott nicht existiere“, die Welt zu erforschen, begann die Zerstörung des Wirklichkeitsverständnisses der Neuzeit. Zwar mochten nun die physikalischen Ergebnisse stimmen und zu ungeahnten Entdeckungen führen. Aber die Einordnung der Wissenschaft in die Lebenszusammenhänge mußte nun mißlingen.

Was ist das Schlimme an der Gottlosigkeit? Nicht, daß Gott geleugnet wird. Das Schlimme ist in Wahrheit, daß der Mensch sich selbst um das Köstlichste bringt, das ihm gegeben ist.

Vom dreifachen Suchen nach Gott:
– Das mystisch unbewußte Suchen nach Gott. Das ist die Suche nach dem unbekannten Gott, eine Suche, die ihr Ziel nicht kennt, aber ahnt, wo es sein könnte, eine Suche ins Offene hinein.
– Das Suchen nach dem Gott, den wir zu kennen meinen, ist die Suche nach dem scheinbar wohlbekannten, dem nur allzu bekannten Gott.
– Das Suchen als Sich-von-Gott-finden-lassen. In diesem Sinne werden gerade auch diejenigen, die nichts gesucht haben, gefunden bzw. finden Gott: „… Ich ließ mich finden von denen, die mich nicht suchten.“ (Jesaja 65, 1).

„Wenn ihr mich von ganzem Herzen suchen werdet, so will ich mich von euch finden lassen, spricht der Herr." (Jeremia 29, 13.14) „Von ganzem Herzen suchen" – das ist: Gott wichtiger nehmen als alles andere. Wer Gott noch etwas vorzieht – Gegenstände, Güter, Menschen – wird ihn nicht finden. Die Ausschließlichkeit der Liebe ist gefragt, die sich nach nichts anderem sehnt als nach dem Geliebten. Diese Ausschließlichkeit ist nicht die Frucht menschlicher Bemühung, sondern allein der göttlichen Zuwendung: Gott *läßt* sich finden.

Wer Gott suchen will, muß dies „von ganzem Herzen" tun. So wie dem Liebenden in der Begegnung mit der Geliebten alles andere unwichtig ist, so geschieht es in der mystischen Begegnung mit Gott: Die Welt versinkt mit ihren Problemen und ihrem Streit. So nur, aus der innersten, liebenden Gottzugewandtheit gewinnt der Mensch Mut und Kraft, sich auch den Aufgaben zuzuwenden, die ihm gestellt sind.

Gott entzieht sich allen Definitionen. Und doch: man darf nicht schweigen über Gott. Er will, so unvollkommen und ungeschickt auch immer, genannt und angerufen werden. Wer ihn anruft, erfährt, wer er ist, erhält Antwort, spürt den Zuwachs an Kraft und Hoffnung.

Rätsel des Bösen

Die „Welt ging verloren“, das heißt: sie hat in sich keine Möglichkeit der Rettung. Gott scheint abwesend, seine Liebe wirkungslos. Wenn er in Christus die Welt rettet, so durch Ohnmacht, Schmerz und Tod. Gottes Liebe scheint bis zum heutigen Tag dem Bösen gegenüber nichts auszurichten, hilflos zu sein. „Welt ging verloren“ – das gilt uneingeschränkt, schlechthin. Daß dies unsere, nicht Gottes Schuld ist, ist die Grundeinsicht des Christen, auch wenn wir die Zusammenhänge im einzelnen mit unserer Vernunft nicht durchschauen können. Das „Tut Buße!“ steht darum am Anfang jeder Erneuerung.

Aber wieso können wir eine so weitreichende, das menschliche Selbstbewußtsein tief verletzende Aussage machen? Wo nehmen wir solche Einsicht her? Aus der Heiligen Schrift, in deren erstem Buch schon die Geschichte vom Sündenfall steht. Auch die Verkündigung Jesu beginnt mit dem Bußruf. Unser Herz stimmt zu und spricht, wie Hiob gesprochen hat: „Darum habe ich unweise geredet, was mir zu hoch ist und ich nicht verstehe ... Darum spreche ich mich schuldig und tue Buße in Staub und Asche.“ (42, 3.6) Wo sich ein Mensch schuldig spricht, den Zorn Gottes heraufbeschworen zu haben, wo er aus der Verlorenheit zu dem flieht, der zur Rettung der Welt geboren wurde, hören die Fragen auf, löst sich die Bitterkeit, die das „Rätsel des Bösen“ auslöst, stellt sich die Freude an der „guten“ Schöpfung wieder ein. Wer um die eigene Verantwortung und Schuld weiß, wer sich wie Hiob unter Gott beugt, kann – trotz allem – glauben.

Buße tun heißt: Zurückkehren in die göttlichen Arme. Glauben heißt: Ein Herz haben für Gott.

Die Hauptkraft, die zum Glauben treibt, ist die „felix culpa", glückliche Schuld, weil der Mensch durch sie seiner Verlorenheit, seiner tiefen Gefallenheit inne wird. „Ich elender Mensch! Wer wir mich erlösen von dem Leibe dieses Todes?", schreibt Paulus (Römer 7, 24). Im Zuspruch der Vergebung wird die Schuld getilgt, der Schuldschein ans Kreuz geheftet (Kolosser 2, 14), neues, befreites Leben ermöglicht. Wir bleiben angefochten, fallen in Sünde. Es ist gefährlich, darauf zu vertrauen, daß die neue (oft die alte) Schuld wiederum eine „glückliche" Schuld sei, weil sie erneut die Sehnsucht nach Vergebung wachsen läßt, uns mit dem verbindet, der am Kreuz für uns gestorben ist, den wir sonst vielleicht vergessen, nicht mehr beachtet hätten. Und doch: Gottes Liebe hat keine Grenze.

„ … daß ihr nicht widerstreben sollt dem Übel." (Mt. 5,39) Wer dieses Wort der Bergpredigt als Aufforderung ansieht, das Böse in der Welt gewähren zu lassen, mißversteht Jesus. Er hat dem Bösen durchaus widerstrebt, durch Preisgabe der eigenen Existenz, durch Bereitschaft zum Opfer. Wo diese Bereitschaft da ist, verliert das Böse seine Macht, wird es „mit Gutem" (Röm. 12,21) überwunden, beginnt die neue Welt, das Reich Gottes.

Wer vom Teufel redet, gar an ihn „glaubt“, gibt dem Gedanken Macht über sich, daß er existiert, daß er eine Gott gleiche Existenz hat. Es gibt Gott. Aber den Teufel „gibt“ es im gleichen Sinne nicht. „Ich sah den Satan vom Himmel fallen wie einen Blitz“, sagt Jesus (Lk. 10, 18). Den Teufel „gibt“ es nicht.

In der Buße, in der Bereitschaft, sich dem Gericht Gottes auf Gedeih und Verderb auszuliefern, wird die Macht des Bösen gebrochen. Indem der Mensch sich schuldig bekennt, anerkennt er Gottes Heiligkeit, stellt die wahre Ordnung zwischen Schöpfer und Geschöpf wieder her, reiht er sich wieder in das Lob ein, das alle Kreatur Gott darbringt.

Du sagst:
nur wenn die Rätsel gelöst sind,
kann ich glauben;
aber es ist umgekehrt:
wenn du glaubst,
werden sich die Rätsel lösen.
Doch es bleiben Dunkelheiten,
die mit Geduld ertragen werden müssen.

NÄHE GOTTES

Mystiker haben erfahren, daß Gott kein ferner, „transzendenter“, sondern ein naher Gott ist, daß er in ihrem Herzen wohnt, zart ihre Seele berührt.

Gott in uns

Es gibt viele Arten von Erfahrung. Die Erfahrung Gottes ist die, in der Christus aufleuchtet, anwesend wird. Solche Epiphanie vollzieht sich nicht irgendwo draußen, sondern im Herzen. Da ist dann plötzlich Ruhe, Glück, Anhauch der Ewigkeit.

Mystische Erfahrung als Erfahrung, daß Christus in unserem Herzen wohnt, ist Frucht des Glaubens. Im Epheserbrief heißt es: „Derhalben beuge ich meine Knie vor dem Vater, der der rechte Vater ist über alles, was da Kinder heißt im Himmel und auf Erden, daß er euch Kraft gebe, nach dem Reichtum seiner Herrlichkeit stark zu werden durch seinen Geist an dem inwendigen Menschen, daß Christus wohne durch den Glauben in euren Herzen und ihr in der Liebe eingewurzelt und gegründet werdet ..." (3, 14). Das gilt für die „gewöhnlichen" wie die außergewöhnlichen Erfahrungen. Eigentlich gibt es diesen Unterschied nicht. Schon die „gewöhnlichste" Gotteserfahrung ist „außergewöhnlich".

Gott wohnt nicht nur in unserem Herzen – er ist unser Herz.

Wir haben so viel Frieden, wie wir Glauben haben.

Wie werden wir frei, wie werden wir glücklich, wie furchtlos? Muß sich da nicht etwas in uns ändern, eine tödliche Klammer aufbrechen, damit der Vogel frei wird und entschlüpfen kann? Solange wir nur wir selbst sind, bleiben wir verloren. Aber vielleicht sind wir nicht wir selbst und haben das nur noch nicht gemerkt. Vielleicht sind wir ein anderer oder besser: existiert, lebt in der Tiefe unseres Herzens einer, der ganz frei ist, todlos, ewig, der, der uns erschuf, uns trägt, uns in sich selbst verwandelt, nur zum Ziel geleitet? Dieses Geheimnis unseres Seins nennen wir Gott.

Gott und die Seele

Bei Nikolaus von Kues lesen wir: „Zeige mir o Herr, daß meine Seele in bezug auf meinen Körper Lebensatem ist und Leben in ihn haucht und einströmen läßt.“ So ist die Seele das Allerlebendigste im Menschen, Ort und Ausgangspunkt des eigentlichen, des wahren, in Gott gründenden Lebens.

Da es in der Seele um das innerste, das innigste Verhältnis zu Gott geht, muß der Ort benannt werden, an dem sich die Begegnung mit Gott vollziehen kann, an dem die Berührung stattfindet. Dieser „Ort“ ist die Seele.

Daß manche nicht mehr von der „Seele“ des Menschen reden, mag manchem als Fortschritt erscheinen. In Wirklichkeit ist damit der „Bezugspunkt“ verlorengegangen, das Gegenüber, auf das sich Gottes Handeln bezieht, mit dem er eins werden will in bräutlicher Liebe.

Wer anders kann Erfahrung Gottes machen, Gott erkennen, ihn lieben und von da aus dann seiner Weltverantwortung gerecht werden, als der, der sich ihm zunächst einmal ganz und gar *allein* gegenüber weiß, als „Seele“ sich ausschließlich auf ihn konzentriert, sein Wort vernimmt und ihm gehorcht?

Die Beschreibung der Seele ist nur in der Beziehung zum dreieinigen Gott möglich. Sie ist geschaffen, also nicht selbst Gott. Sie ist offen auf Gott hin, sie ist jene innerste Mitte des Menschen, zu der Gott Zutritt hat, in der er wohnen will.

Jeder Mensch steht an der „Grenze“. Er ist ein Stück „Natur“, nach dem Bilde Gottes geschaffen, er ist nicht Gott. Und er ist doch auf dem Wege zu Gott, ja, in einer Verwandlung begriffen. Jesus sagt: „Steht nicht geschrieben in eurem Gesetz: ‚Ich habe gesagt: ihr seid Götter‘?“ (Johannes 10, 34). Wer auf diese Verheißung vertraut, kann ihre Wahrheit erfahren. Wir vermischen Gott und die Seele nicht miteinander und doch können sie in eins gesehen werden. „In der Tiefe alles dessen, was ist, fallen das Geheimnis des Geschöpfes und das Geheimnis Gottes ungeteilt zusammen. Die Grenzen – die es wohl gibt – liegen nur auf unserer Seite …, nicht auf seiten Gottes. Wir sind begrenzt, nicht Gott. Für Eckhart waren Gott und die Seele daher buchstäblich ungeteilt ein Geheimnis, was sich freilich nicht mehr in Begriffe fassen läßt.“[14]

Seele – das ist mehr als „Herz“. Es ist das Herz, gerichtet auf Gott hin. Unsterblichkeit der Seele – das bedeutet, daß Gott den Menschen nicht dem Tode überlassen will, weil er ihn liebt.

Wenn sich Gott und die Seele lieben, in Liebe vereinigen, bleiben sie nicht bei sich selbst. Der Mensch, der von Gott geliebt wird und Gott wiederliebt, will seinen Nächsten lieben. Das innerliche Verhältnis zu Gott wendet sich damit „nach außen“, dem Nächsten, der Welt zu.

Wo die Liebesvereinigung mit Gott vollzogen wird, ohne daß aus ihr Hinwendung zum Nächsten folgt, bleibt die Liebesvereinigung mit Gott ohne Frucht, so wie der Glaube ohne Frucht bleibt, dem keine Werke entspringen.

Von den sieben Glückseligkeiten

In der Bergpredigt nennt Jesus seine Jünger selig, genauer „glückselig“, und das heißt im griechischen Wortsinn teilhaftig des Glückes der Götter. Gerade die Armen, die Leidenden, die Verfolgten werden glücklich genannt. Ihnen wird künftiges Glück im Reiche Gottes verheißen, aber dieses künftige Glück kann schon jetzt im Glauben erfahren werden. Das Endliche ist fähig, die Unendlichkeit aufzunehmen. Das Licht der Ewigkeit strahlt schon in diese Zeit, Zeit und Ewigkeit verschränken sich im Jetzt und Hier. Jetzt schon leben wir im „Nun Gottes“, im „göttlichen Augenblick“.

Siebenfach sind die verheißenen Glückseligkeiten.
Die Glückseligkeit, die „Stimme des guten Hirten“ zu hören.
Die Glückseligkeit, durch Vergebung der Sünden frei zu werden und gerechtfertigt zu sein.
Die Glückseligkeit, in Christus Schwestern und Brüder zu haben.
Die Glückseligkeit, Leib und Blut Christi im Heiligen Abendmahl zu empfangen.
Die Glückseligkeit, im Leid getröstet zu sein und Frieden zu haben in allem Streit.
Die Glückseligkeit, Gott immer loben zu dürfen.
Die Glückseligkeit, im Glauben schon jetzt und hier in der Ewigkeit Gottes zu leben: „Wer an den Sohn glaubt, der hat das ewige Leben“ (Johannes 3, 35).

WORT GOTTES

Mystiker haben erfahren,
daß in der Heiligen Schrift
Gottes Stimme vernehmbar ist,
daß man in ihr
Jesus Christus begegnen kann,
in dem DAS WORT Mensch wurde.

Heilige Schrift

Wissen wir eigentlich noch, welcher Schatz uns mit der Heiligen Schrift gegeben ist? Was für Worte sind das, die uns da aus den Jahrtausenden zukommen, ernsthaft, liebevoll, gewaltig, voll Weisheit, für jeden Tag von der Geburt bis zum Tode. Was für Menschen müssen das gewesen sein, die so dachten und sprachen, daß wir noch heute aus diesen Worten Trost und Kraft ziehen können? Dagegen verblaßt alles, was sonst geäußert wird.

Mystische Erfahrung ist „nichts anderes als die Heilige Schrift in Flammenschrift“ (Bergson).

Mit der Heiligen Schrift können immer neue Erfahrungen gemacht werden: Ein Wort fällt auf, das früher überlesen wurde, ein Zusammenhang wird klar, der bisher unverständlich erschien. So tauchen im Laufe des Lebens immer neue Fragen auf und erfahren eine immer neue Antwort. Immer neue Worte der Heiligen Schrift leuchten auf als Wegzeichen zur Ewigkeit. Nicht unsere Neugier, auch nicht unser Erkenntnisdrang, erfahren Befriedigung, sondern unser inwendiger Mensch beginnt sich zu nähren und aus der Kraft des Wortes Gottes aufzubauen.

Der Ruf Gottes ist ein inneres Wort. Aber auch äußere Ereignisse können uns zu einem Anruf werden.

Im Auswendiglernen biblischer Verse nehmen wir uns die Dinge zu Herzen, werden sie Teil unser selbst, begreifen wir sie, eignen wir sie uns an, so daß wir von ihnen geformt, verändert werden. Nur so entsteht ein neues Denken und Fühlen, werden wir neu, vom Wort und von der Wahrheit her geprägt.

Was geschieht mit Menschen, die keine innere Stimme vernehmen? Sie werden sich erst noch dessen bewußt werden, daß es diese Tiefe in ihnen überhaupt gibt, aus der die Stimme kommt. Dann werden sie den „inneren Menschen" entdecken. Vielleicht entdecken sie ihn in der Liebe.

Das Herz des Menschen ist unruhig, wie Augustinus sagt, bis es in Gott Ruhe findet. Es ist unruhig, weil es weiß, daß ihm etwas fehlt. Für das Herz eines jeden besteht die Möglichkeit, zur Ruhe zu kommen. Und Gott will nichts lieber, als uns die Möglichkeit geben, die Verbindung mit ihm aufzunehmen. *Er* tut das, nicht wir tun es. Er tut das, indem er uns anspricht. Es gibt verschiedene Weisen, wie Gott uns anspricht. Richten wir alle Aufmerksamkeit darauf, ihn zu hören, sein Wort nicht zu überhören.

Jesus Christus

Immer ist Christus zuerst da. Immer hat *Er* uns zuerst geliebt. Immer ist die Stimme da, die uns ruft. Es ist nicht einfach nur die Stimme des Gewissens. Es ist eine ganz andere Stimme. Das Gewissen mahnt, tadelt und quält. Diese Stimme aber ist sanft und voll Liebe, sie tröstet.

Im Glauben an Christus formuliert sich neu, was Wirklichkeit ist.

Von Christus sprechen, ihn einführen in unser Denken, heißt: Die personale Gottesbeziehung festhalten und betonen.

Die Sehnsucht nach mehr religiöser Erfahrung ist die Suche des unruhigen Herzens nach dem Punkt, an dem es Ruhe findet, im unmittelbaren Zugang zu Gott. Und in der Tat: Es gibt eine solche Unmittelbarkeit. Gott läßt sich erfahren, wer anklopft, dem wird „aufgetan“. (Matthäus 7,7) Ein innerer Dialog hebt an. Irgendwann erfahren wir dann, daß es Jesus ist, der mit uns spricht.

Wir versuchen immer wieder, Christus für unsere Zwecke in Anspruch zu nehmen, sein Wort für die eigenen Ziele zu mißbrauchen. Wir begreifen nicht, daß er sich unseren Denkmustern entzieht. Von ihm her argumentieren, ihn in das Gespräch einbringen, heißt neu und anders denken als wir es gewohnt sind. Denn er ist kein Argument, sondern der lebendige Herr.

Der „Christus in uns“ führt mit uns ein Leben lang seine Liebesgespräche. Manchmal wissen wir nicht, daß er es ist, der in uns spricht, dann wieder wissen wir es. Wir erkennen ihn daran, daß seine Stimme niemals hart, sondern immer zärtlich ist, niemals vernichten will, sondern immer tröstet. Auch wenn wir nicht seiner Meinung sind, hört er nicht auf, mit uns zu sprechen, wird nicht müde, uns von falschen Wegen abzubringen und auf den ewigen Weg zu leiten. Seine Mahnungen sind Liebesworte, die unsere Liebe herausfordern.

Christus ist unser „Bruder“, aber eben doch gleichzeitig unser Herr. „Bruder“ – das ist noch viel zu wenig gesagt. Er ist uns näher als wir uns selber sind, er nimmt Wohnung in uns, ja, sein Leben wird unser Leben.

In schwierigen Lagen ist es besser, alles zu vergessen, was du weißt, sollten alle menschlichen Worte verstummen. Höre nur noch Jesu Worte, wende ihnen allein Aufmerksamkeit, gespannte Aufmerksamkeit zu. Es sind die „Worte des ewigen Lebens" (Joh. 6, 68), die aus dieser Welt in jene führen. Sie sind die Brücke, die über den Abgrund trägt. „Wer mit und mit wem Gott redet", sagt Luther, „ist wahrhaftig unsterblich." Gottes Wort hält ihn am Leben, es *ist* sein Leben.

Christus steht der Zeit entgegen,
sein Kreuz – ein sperriges Holz,
nicht integrierbar.

Ob er wohl überhaupt gelebt hat,
fragen manche, ob die schönen Geschichten
wahr sind, die man von ihm erzählt?

Aber ich kenne ihn: er ist mir begegnet,
zwischen den Feldern, als die Jünger
Ähren ausrissen am Sabbat.

Ich habe ihn gesehen, wie er Kindern
die Hand auflegte, wie er in den Sand schrieb,
keinen Stein warf auf die Sünderin.

Und ich weiß, wie er Brot in die Hand nimmt,
dankt, es bricht –
er gibt es mir.

Von der Liebe reden

Der biblische Bezug des mystischen Erlebens ist oft das Hohelied, in dem die Liebe zwischen Mann und Frau der Liebe Gottes als des Bräutigams zur Seele des Menschen als seiner Braut verglichen wird. Bei Wilhelm von St. Thierry lesen wir: „Als der Heilige Geist dem Menschen das Lied der geistlichen Liebe schenken wollte, hat er diese Wirklichkeit, die ganz geistlich, ja göttlich ist und sich im Innern abspielt, in die Bilder der fleischlichen Liebe gekleidet.“

Die Aussagen der Mystik dringen tief in das Geheimnis Gottes vor, in die Geschichte seiner Liebe zum Menschen. Und doch müssen wir immer wieder verstummen, weil die Liebesvereinigung der Seele mit Gott unaussprechlich ist. Dennoch ist der Versuch, davon zu reden, nicht sinnlos. Er vermittelt einen ersten Eindruck dessen, was uns in der künftigen Welt erwartet.

Worte zerfallen schnell, werden nichts-sagend, wenn sie nicht immer neu durch Erfahrungen Kraft und Leben erhalten. Die Sprache der Mystik ist durch Erfahrung weitreichender gedeckt als viele andere religiöse Sprachen. Das macht ihre Besonderheit und ihre Kraft aus.

Das Wort Buße paßt nicht in die Sprache der Liebe. In jeder Buße ist in Wahrheit schon ein Anfang von Liebe, in der die Furcht ausgetrieben ist, weil sie der Liebe des andern gewiß ist und seinen Zorn nicht fürchtet. „Ich will mich aufmachen und zu meinem Vater gehen" – da sind die Arme des Vaters schon nach dem verlorenen Sohn ausgebreitet. Wir sollten für Buße ein anderes Wort finden, das dies deutlicher ausdrückt. Ebenso für „Zorn Gottes", der immer auch Barmherzigkeit und Vergebung ist. Die Rede von Gott muß sich der Liebessprache angleichen. Das bedeutet nicht, daß sie süßlicher werden, die Wahrheiten Gottes verschweigen sollte. Aber sie sollte von Liebesglut durchdrungen sein, die auch Härten und Unverständnis einschmilzt, auf Gott hin durchsichtig macht.

Die Unsagbarkeit des göttlichen Geheimnisses bewahrt unser Sagen Gottes vor der Banalität, die allem Sagen notwendig anhaftet. „Wer kann dich nennen, wer dich bekennen ..." – auch das ist ein Glaubensbekenntnis.

Wir können Gott und sein Wesen nicht in Begriffe fassen. „Jeder Begriff findet seine Grenze an der Mauer des Paradieses", sagt Nikolaus von Kues. Er nennt diese Unwissenheit der Vernunft „wissende Unwissenheit". Ist damit der denkende Zugang zu Gott versperrt? Im Gegenteil: Nun erst können wir uns Gott nähern, ohne ihn zu verfehlen. Die Vernunft stellt sich darauf ein, nicht zu wissen, das Gefühl, nichts zu fühlen. Aber gerade dann („hinter der Mauer") beginnt das neue Wissen und Fühlen.

Ist es so einfach, von Gott zu reden? Wer einen Blick in die Briefe des Apostels Paulus wirft, erkennt: Der Christ muß so reden, daß er von jedermann verstanden werden kann. Er darf aber doch auch so reden, daß sich der Angesprochene um das Verständnis der Worte bemühen muß. Es ist nicht einfach, von Gott zu reden.

LIEBE

Mystiker haben erfahren,
daß sie von Gott geliebt sind,
und wollen ihn widerlieben.
Sie sehnen sich
nach der Liebesvereinigung mit Gott,
der unio mystica.

Von Gott geliebt

Liebe Gottes heißt, daß Gott den Menschen nicht nach dem beurteilt, was er in sich selber, sondern was er durch Christus ist.

Ich bin nicht zur Freiheit erschaffen, zwischen Gott und Nicht-Gott zu wählen, Liebe anzunehmen oder abzulehnen. Ich bin zur Freiheit erschaffen, Gottes Liebe mit Liebe zu beantworten und darin meine „Selb"-ständigkeit zu haben, mich selbst zu verwirklichen.

Erst wenn ich bereit bin, mich der Liebe Gottes ganz und vorbehaltlos auszuliefern, nichts dem eigenen Verdienst, alles seiner Gnade zuzuschreiben, werde ich in Wahrheit frei. Ich bin nichts – Gott ist alles, dabei muß es bleiben, wenn wir selbst wieder alles werden sollen.

Die Ereignisse der Geschichte und des eigenen Lebens stehen nicht „neben" der Botschaft der göttlichen Liebe oder ihr gar entgegen, sondern sind nur von ihr her begreifbar. Immer ist Gottes Liebe größer, seine Treue beständiger als die unsere: Das ist das eigentliche Wunder in unserem Leben.

Wilhelm v. St.-Thierry schreibt: „Denn durch dieses Vermögen (die Liebe) wird der Schöpfer selbst von der Kreatur wahrgenommen, mit dieser Einsichtskraft wird Gott, soweit er erspürt oder eingesehen werden kann, vom Geschöpf begriffen." Wo nur die Vernunft am Werke ist, melden sich Zweifel an Gottes Güte, an Gott überhaupt. Wo die Liebe die Erkenntniskraft steuert, verstummen die Zweifel: Der Geliebte wird in allem wahrgenommen, seine Liebe – trotz aller Einwände – als das tragende Prinzip, die tragende Kraft des Universums erkannt. Wenn die liebende Seele mit Gott eins wird, wenn nichts mehr „zwischen" Gott und der Seele ist, das sie trennt, dann hören die Fragen auf, bleibt nur der Austausch, wie unter Liebenden, die einander ganz und gar gehören und vertrauen.

Wer ganz und gar von Gottes Liebe überzeugt ist, muß sich auch mit den Zweifeln auseinandersetzen, die es im Hinblick auf diese Liebe gibt. In den Zweifeln melden sich die Todesmächte und Gewalten zu Wort, drückt sich die Angst vor den gegenwärtigen Gefahren und zukünftigen Katastrophen aus. Aber der Glaube läßt sich nicht von Christus trennen, in dem der Tod besiegt, die Liebe Gottes offenbar geworden ist. Die personale Beziehung zu Christus, die Liebe zu ihm, hebt den Zweifel auf und macht ihn gegenstandslos. Kurz vor ihrem Tode, im Alter von 25 Jahren, äußerte Therese von Lisieux, als sie schreckliche Zweifel überfielen: „Finsternis … ich glaube nicht an das ewige Leben … Alles ist mir entschwunden, es bleibt mir nur die Liebe."

Wer sein Leben bedenkt, wird zwei Gedanken gleichzeitig denken müssen:
Gottes Wege sind unbegreiflich, „so viel der Himmel höher ist als die Erde", sind Gottes Gedanken höher als unsere Gedanken (Jes. 55, 9); und
„Erkennet doch, daß der Herr seine Heiligen wunderbar führt." (Ps. 4, 4).
Was heißt das? Wir sollten uns hüten, vorschnell zu urteilen, solange wir noch auf dem Wege sind. An keiner Stelle des Weges vermögen wir alles zu begreifen, endgültige Aussagen zu machen. Und doch gibt es einen Weg, auf dem Gott uns „wunderbar" führt, und das heißt: daß es da einen Überhang an Liebe und Bewahrung vor aller Dunkelheit gibt. Denken und glauben bedeutet, beides zusammendenken, das Unbegreifliche, ja oft auch Schreckliche, und Gottes Liebe, die wunderbar führt. Im Unbegreiflichen und Unergründlichen leuchtet ein Licht auf.

Wir wissen nicht mehr, was Liebe ist, wir können, ja wir wollen nicht mehr lieben. So vermögen wir auch Jesus nicht zu verstehen, bleibt uns sein Wesen, seine Botschaft fremd. Das Wort der Schrift, so hat Meister Eckhart gesagt, kann nur verstehen, wer es schon verstanden hat. So ist es auch mit der Liebe: nur Liebende verstehen die Liebe. Aber auch das andere ist wahr: im Hinsehen auf Jesus können die, die nichts mehr von Liebe wissen, Liebe lernen und sie glaubend erfahren.

Die Beschäftigung mit Mystik kann aus einer Art Liebhaberei geschehen, aus Versponnenheit oder dem Hang zum Irrationalen. Aber sie kann auch geschehen, weil wir etwas suchen, weil wir die Erfahrung der Liebe Gottes machen möchten, ja, lernen möchten, ihn auch unsererseits zu lieben.

Unsere Vernunft steht vor Rätseln, Aporien, widersprüchlichen Wahrheiten. Im Glauben verlieren diese Widersprüchlichkeiten ihr Gewicht, die Probleme verschwinden nicht, aber sie trennen nicht mehr von Gott, dem man sich bedingungslos anvertraut, weil er die Liebe ist.

Aus Spiritualität leben bedeutet: Alles, was begegnet, als Liebe Gottes erfahren, die uns sucht und unsere Liebe herausfordert.

Gott lieben

Sehnsucht nach Gott ist der Anfang der Liebe zu Gott.

Wie könnte jemand Gott nicht lieben, der so von ihm geliebt, wie jemand ihn nicht umarmen wollen, der so von ihm umarmt wird, wie in Jesu Gleichnis der verlorene Sohn vom Vater umarmt wurde?

„Nur die Liebe erkennt Gott." Was tut die Liebe? Sie ist aufmerksam. Sie hört auf das leiseste Wort des Geliebten, hört sein Flüstern. Sie umarmt ihn, um ihn zu erkennen.

Liebe ohne Erkenntnis kann es nicht geben, Kopf und Herz gehören zusammen.

Das Reden von der Liebe Gottes ist gleichzeitig immer auch ein Reden von seinen Geboten und von der Wahrheit. Nur wer weiß, daß Gott keineswegs verpflichtet ist, ihn zu lieben, daß es nicht sein „métier" ist, zu vergeben, erkennt, wie groß die Liebe sein muß, die ungeschuldet und unerwartet Rettung bringt. Die Größe dieser Liebe wird daran deutlich, daß Gott seinen Sohn opfert, um die Welt zu erlösen und die Sünden zu tilgen. Denn es ist keine größere Liebe denkbar.

Margarete Porète will nichts von der Befolgung von Geboten und Gesetzen wissen, weil ihre Liebe zu Gott so groß ist, daß sie um seinetwillen zu jedem Opfer bereit ist. „Denn die Liebe darf sich alles erlauben“, schreibt sie.

Liebe zu Gott besteht darin, seine Gebote zu halten: „Liebt ihr mich, so werdet ihr meine Gebote halten“, heißt es im Johannesevangelium (14, 15). Das Halten der Gebote geschieht aus Liebe, aus Hingabe des Herzens an Gott, das ihm *zuliebe* alles zu tun bereit ist, das nicht nach dem eigenen Willen, sondern nur noch nach seinem Willen fragt. Wie schwach unsere Liebe ist, können wir daran erkennen, daß wir Gottes Gebote als Last empfinden.

Simone Weil nennt die Liebe (zu Gott) „eine Richtung der Seele“, nicht einen „Zustand“. Sie ordnet die Liebe dem Willen, nicht dem Gefühl zu. Die Liebe wird so den Schwankungen des Gefühls entnommen, das Ende des Gefühls ist darum nicht auch das Ende der Liebe. Sie behält die Richtung auf Gott, überwindet Schwierigkeiten und Durststrecken, gerät auch im Unglück, wenn Gott uns scheinbar verlassen hat, nicht in Verzweiflung. So hat Martin Luther auch die eheliche Liebe angesehen, wenn er sagte: „Ich liebe dich, *weil* du mein Weib bist.“ Nicht im Gefühl allein gründet also die Ehe, sondern im Entschluß und Willen, zueinander zu gehören, beieinander zu bleiben.

Die Innerlichkeit mystischer Gottesbeziehung drängt zur äußeren Verwirklichung. Aus der Gottesliebe fließt die Nächstenliebe, kommen die Bemühungen darum, sich des Mitmenschen (und der Mit-Kreatur) anzunehmen, für menschenwürdige Verhältnisse zu sorgen, die Natur vor Schäden zu bewahren.
Dabei ist entscheidend, daß sich die Aktion nicht von der Meditation, die Tat nicht von der Besinnung vor Gott trennt. Wo aber der Mensch nicht zunächst in der Stille vor Gott, in der liebenden Zuwendung zu ihm verharrt, werden seine Bemühungen um eine Verbesserung der irdischen Verhältnisse fragwürdig.

Mann und Frau

Es gibt zwei Weisen der Beziehung zu Gott: Die eine ist die ängstliche: Da verbirgt sich Adam „unter den Bäumen im Garten“ (1. Mose 3, 8), versucht, das Eigene gegen Gott zu behaupten. Und die andere Weise ist die vertrauende: Da öffnet man sein Herz, will nichts zurückhalten, sich Gott ganz hingeben und ihn lieben. Auch im Verhältnis zu geliebten Menschen gibt es diese beiden Weisen.
Liebe: „Oh, daß ich lieben könnte!“ Gerade der, der liebt, wird so sprechen. Wir lieben nie genug.

Die wahre Liebe beginnt dort, wo wir auch die Fehler des geliebten Menschen lieben, nicht nur seine Tugenden. So erst lieben wir ihn, wie er ist, nicht, wie wir ihn haben wollen. Nun erst zeigt es sich, ob wir auch seine „Last“ mitzutragen bereit sind (Galater 6,2).

LEIDEN

Mystiker fliehen das Leiden nicht.
Sie erfahren es als Weg der Läuterung,
als Auszeichnung.
Im Leiden wissen sie sich
mit Christus und seinem Kreuz
verbunden.

Kreuz Christi

Auf der Suche nach Gott begegnest du dem Kreuz Christi, seiner Passion.

Eine Mystik ohne Kreuz, ohne Verzicht und Opfer, eine Liebeseinigung mit Gott ohne eigene Hingabe, wäre eine gefährliche Droge.

Martin Luther schreibt: „So muß man unter dem Worte ‚Liebe' immer Kreuz und Leiden verstehen." Wir dürfen über das Schwierige in der Liebe, über die Leiden, die sie bringt, nicht klagen. Denn keine Liebe kann ohne Kreuz sein. Auch Gottes Liebe vollendete sich in Leiden und Kreuz.

Der Anblick des Gekreuzigten und Gemarterten erschreckt und tröstet zugleich. Er erschreckt, weil die Grausamkeit und Schuldverflechtung der Welt deutlich wird, in die auch unsere Schuld eingebunden ist, und er tröstet, weil sichtbar wird, wie groß Gottes Liebe ist, die zu solchem Opfer bereit war.

Das Kreuz Christ zeigt Selbstverwirklichung als Selbsthingabe.

Kannst du dir einen Gott vorstellen, der dem Elend der Menschen zusieht, ohne zu Hilfe zu eilen? So wurde Gott Mensch und starb für uns am Kreuz.

Warum wurde Gott Mensch? Die Tiefe dieses Geheimnisses können wir nicht ausloten, weil es alle Vernunft übersteigt. Auch die Frage, warum Christus sterben mußte, läßt sich nicht beantworten. Aber die Heilige Schrift zeigt uns die Richtung: sein Tod ist Sühne für die Sünden der Welt. Sie ist noch immer die tiefste Deutung, indem sie zwei Gedanken zusammenhält: daß Sünde nicht gleichgültig ist, daß sie gesühnt werden muß. Und zweitens, daß Christus in seinem gehorsamen Sterben diese Sühne vollbracht und uns Frieden mit Gott, Vergebung der Sünden und ewiges Leben erwirkt hat.

Das Gerechtigkeitsempfinden will nicht, daß die Untaten ungesühnt bleiben, Übeltäter straflos davonkommen. Auf der anderen Seite ist Liebe gerade darin Liebe, daß sie *alles* verzeiht. So hat Jesus die Sünder zu sich gerufen und nicht die Gerechten. Alle sind wir auf vergebende Liebe angewiesen. Wie läßt sich beides verbinden? Kann beides gleichzeitig wahr sein? Die Bibel spricht davon, daß Christus für die Sünde aller Menschen gebüßt, die Strafe getragen hat, die alle verdient hätten. So ist beidem Genüge getan: der Liebe und der Gerechtigkeit. Aber die Liebe überwiegt, weil doch viele freikommen, und nur *einer* die Strafe trägt. Die Liebe verschlingt so die Gerechtigkeit. Das ist der menschlichen Vernunft fremd. Aber der Glaube nimmt dieses Geheimnis an.

Jesus hat für uns gelitten. Für wen sind wir zu leiden bereit?

Um das Kreuz kann man nicht tanzen.

Mittelalterliche Bilder des Gekreuzigten wollen Mitleid erwecken und zur Nachahmung in der Bereitschaft, sein Kreuz zu tragen, anleiten. Sie wollen zum mystischen Erleben der „unio amorosa“, der liebenden Vereinigung mit Christus, führen. Die Seele soll zum Jubel über Gottes Erlösungswerk bewegt werden. („Meine Seele erhebet den Herrn“), zum gläubigen Erschrecken darüber, wie groß und vorbehaltlos die Liebe war, die Gott uns in der Passion des Sohnes zuwandte.
Die Betrachtung des Bildes in solcher Weise verändert die Stellung zum eigenen Leid, „hebt“ es in das Leiden Gottes hinein auf.

„Not Gottes“ – nannte man Bilder, auf denen der Schmerz Gottes gezeigt wurde, der um der Sünde der Welt willen seinen Sohn opfern mußte. Ob wir das mitfühlen, nachfühlen können, oder meinen wir, daß Gott keiner Gefühle fähig, über alle Gefühle erhaben sei? Gewiß: Wenn wir Gott Gefühle zuschreiben, sprechen wir auf menschliche Weise von ihm. Aber auch die Heilige Schrift tut dies, indem sie von seinem Zorn, seinem Schmerz, vor allem aber von seiner Liebe spricht.
Vielleicht ist es überhaupt die wesentlichste Aussage, die wir über Gott machen können, daß er fühlt, und die wesentlichste Aussage über den Menschen, daß er fühlen kann wie Gott, ihm darin ebenbildlich ist.

Der Schrei

„Und um die neunte Stunde schrie Jesus laut und sprach: Eli, Eli, lama asabthani? das ist: Mein Gott, mein Gott, warum hast du mich verlassen?“ Viele Menschen haben seitdem in ihrer Not so geschrien.

Wer meint, daß Gott ihn verlassen habe, wer ihn deshalb anklagt, hat schon den ersten Schritt auf Gott hin getan. Schon im Rufen nach Gott steckt Antwort Gottes.

Dieser Schrei
auf der Straße von Sarajewo,
als die Granate einschlug;
oder im Gebirge,
als der Fuß ausglitt über dem Abgrund;
oder als das Meer sich schloß
über dem Schiff, das sank!

So also, sage ich, nimmt ein Mensch
Abschied von der Erde,
das ist sein letzter Laut vor dem Verstummen.
Aber niemand, der ihn hört.

Oder: Ob der ihn hört,
von dem sie sagen,
daß er die Toten auferweckt?

Jesus schreit nicht einfach, er schreit zu Gott. Der, der mit Jesus schreit „Mein Gott, mein Gott, warum hast du mich verlassen?“, weiß, wo Hilfe ist.

Aller Glaube ist nicht nur vom Zweifel begleitet, sondern auch von Verzweiflung. Der Zweifel sitzt in der Vernunft, die Verzweiflung aber packt den ganzen Menschen.

Unsere Leiden

Leiden macht einsam. Als Jesus im Garten Gethsemane „bis an den Tod" betrübt war und im Gebet mit Gott rang, fordert er seine Jünger auf, mit ihm zu wachen. Aber sie fielen immer wieder in Schlaf. „Könnt ihr denn nicht *eine* Stunde mit mir wachen?", fragt er sie.

Gott ist es, der menschlichem Leiden einen letzten, ewigen Sinn geben kann. Teilhard de Chardin hat dies beim Tode seiner Schwester in erschütternder Weise zum Ausdruck gebracht: „Marguerite, meine Schwester, während ich, den positiven Kräften des Universums, geweiht, Kontinente und Meere durchlief, leidenschaftlich damit beschäftigt, alle Farbtöne aus der Erde aufsteigen zu sehen, hast du, unbeweglich ausgestreckt, schweigend in der innersten Tiefe deiner selbst, die schlimmen Schatten der Welt in Licht verwandelt. Sag mir, wer von uns beiden wird in den Augen des Schöpfers den besseren Teil erhalten haben?"
Geduldig ertragenes Leid verwandelt Schatten in Licht. Es ist ein Ort der Weltveränderung.

Unsere Leiden sind bei Gott „aufgehoben", erhalten einen Sinn. Darum kann Jesus in der Bergpredigt sagen: „Selig sind, die da Leid tragen, denn sie sollen getröstet werden." Da geschieht eine Umwertung aller Werte. Heinrich Seuse läßt die „Ewige Weisheit" sprechen: „Siehe, die gute Seele blüht auf im Leid, wie die schöne Rose im Tau des Maien."

Wir begreifen nicht, wie Gott all das Elend und Unglück zulassen kann, das es in der Welt gibt. Viele scheitern in ihrem Glauben daran, weil sie den Weltlauf mit der Botschaft von der Liebe Gottes nicht in Einklang bringen können. Sie meinen, daß nichts übrigbliebe, als das Unheil hinzunehmen, sich zu beugen. Es gebe keine Hoffnung auf eine bessere, andere Zukunft.
Da steht ein Kreuz draußen auf dem Berge Golgatha, und es ist drinnen im Herzen aufgerichtet. Der Gekreuzigte ist in mir und für mich da. Er leidet mit mir, und ich leide mit ihm. Der Apostel Paulus schreibt, daß diejenigen, die in den Tod Christi getauft sind, wie er auferweckt werden von den Toten und in einem neuen Leben wandeln sollen. Darum haben wir Hoffnung. Von Trübsal zu Trübsal werden wir so geleitet, daß die Hoffnung immer größer wird (Römer 6, 4f.). Wir machen Erfahrungen des Trostes, der Kraft, des Glaubens, der durchhält. Wir können uns immer wieder an diesen Erfahrungen aufrichten, durch sie gewiß werden, daß wir erlöst und gerettet sind.

Geduld ist keine passive Haltung. Ihre Aktivität besteht darin, sich ganz auf Gott zu verlassen.

Auch im Leid wird die Stimme Christi hörbar. Er erlaubt uns, seine schmerzvollen Worte nachzusprechen: „Nimm diesen Kelch von mir!“ (Markus 14, 36) Ja sogar: „Mein Gott, mein Gott, warum hast du mich verlassen?“ (Markus 27, 46) Da bleibt ein Hauch von Freude „in allem Leide“, ein Unterton von Zuversicht in allem Schmerz.

Im Angesicht des Leides verstummen die Worte. Auch gute Wünsche nützen nicht viel. Hiob sagt zu seinen Freunden: „Ihr seid allzumal leidige Tröster! Wollen die leeren Worte kein Ende haben?“ Aber es gibt Worte, die wahrhaft trösten können, die gegen die Furcht Bestand haben, die mächtiger sind als der Tod. „Du hast Worte des ewigen Lebens“, sagt Simon Petrus zu Jesus. Solche Worte sind wie Hände, die sich uns aus dem Dunkel entgegenstrecken.

Noch leben wir in der Welt, in Ängsten, in Leiden. Und doch meldet sich in unseren Herzen die zarte, bebende, angefochtene Stimme einer neuen Zuversicht, einer „großen Freude“. Wie ein *cantus firmus* hält sich diese Stimme durch, ungeachtet aller Bedrängnisse und Schrecken. Schon jetzt gibt es eine mystisch-geheimnisvolle, mit der Vernunft nicht begreifbare Freude im Leid:

In dir ist Freude
in allem Leide,
o du süßer Jesu Christ …

Hilft beten wirklich? Wir wissen: es hilft nicht immer. Aber wenn gebetet wird, sieht Gott sich das, was kommen soll, noch einmal an, ob es dabei bleiben soll. So ist auch das Gebet Jesu im Garten Gethsemane zu verstehen: „Mein Vater, ist's möglich, so gehe dieser Kelch an mir vorüber“ (Matthäus 26, 9). Noch ist, so weiß es Jesus, alles offen. Gott wird seine Entscheidung erneut prüfen. Gleichzeitig aber beugt sich Jesus dem Willen des Vaters, wie immer er auch ausfällt: „… doch nicht wie ich will, sondern wie du willst!“ Auch wir dürfen die Hoffnung haben, daß unser Gebet Gott veranlaßt, alles erneut zu bedenken. Auch wir müssen hinzufügen: „nicht wie ich will …“

Mit-Leid

Ein Herz, das mit Christus leidet, lernt Mitleid zu haben mit den Menschen und aller Kreatur.

Warum haben wir Mitleid? Der gekreuzigte Christus verbindet die Leidenden: sie nehmen teil an seinem Leiden, sie nehmen durch ihn auch am Leiden des andern teil.

Im gekreuzigten Christus sind alle Leidenden miteinander verbunden. Wer Mitleid mit *ihm* hat, hat Mitleid auch mit den Leiden der andern.

„Nichts ist ungesünder", so schreibt Friedrich Nietzsche, „als das christliche Mitleid". Und an anderer Stelle: „Die Überwindung des Mitleids rechne ich unter die vornehmen Tugenden." Mitleiden-Können gehört zur wahren Humanität. Wo kein Mitleid mehr ist, fällt die Gemeinschaft auseinander, lebt jeder nur mehr für sich.

Es gibt eine Art von Mitleid, die nichts anderes ist als Angst, daß einem das gleiche widerfahren könnte. Da bleibt das Herz bei sich selbst, „verkrümmt" sich nur noch mehr in sich. Das Mitleid, das wir im Angesicht des Kreuzes Jesu lernen können, ist gerade gegenteiliger Art: es fordert zur Selbsthingabe auf.

Manche sind unfähig, mit anderen Menschen zu leiden, weil sie sich nur selbst bemitleiden können.

Wer Mitleid mit dem Gekreuzigten empfindet, glaubt nicht mehr nur mit dem Kopf, sondern mit dem Herzen.

Altern und Sterben

Nicht eigentlich erst der Tod, das Sterben schon ist „der Sünde Sold“.

Im Glauben geht es um Leben- aber auch um Sterbenlernen.

Altern und Sterben sind die Voraussetzung dafür, daß wir auferstehen. Leiden und Tod sind die Voraussetzungen für neues Leben.

Die Gnade wird immer wichtiger, je älter man wird.

Man kann sich schon vor dem Tod in der Ewigkeit einrichten und von den Dingen des Diesseits trennen. Dann fällt der Übergang nicht so schwer: man ist schon heimisch am künftigen Ort.

GEGENWART JESU

Mystiker suchen den persönlichen,
vertrauten Umgang mit Christus.
Sie haben es erfahren, daß er nicht tot ist,
sondern lebt.

Auferstehung

Hinter dem Kreuz leuchtet schon der Ostermorgen auf. „Heute noch wirst du mit mir im Paradiese sein", sagt der Gekreuzigte zu dem Verbrecher, der neben ihm am Kreuz hängt. Ein Wort, nicht mehr nur eines Sterbenden, sondern dessen, dem „die Schlüssel des Himmelreichs" anvertraut sind. Da gibt es keinen Zweifel mehr: der Tod ist besiegt. „Heute noch" – in diesem Wort verschränken sich Zeit und Ewigkeit, gehen sie nahtlos ineinander über. Auch für uns verbindet *ein* „Tag" den Ausgang aus dieser und den Eingang in jene Welt. Das mag Sterbende trösten.

Einer fragte, ob das Grab Jesu wirklich leer gewesen sei, wie es im Neuen Testament berichtet werde. Ließe sich das denn beweisen? Ja, sagte der andere, das läßt sich beweisen. Denn ich erfahre jeden Tag, daß Christus lebt. Wie könnte er dann noch im Grabe liegen!

Das Kreuz ist die letzte, „sichtbare" Station des Weges Jesu. Darum auch das letzte irdische Zeichen, das wir für alle sichtbar aufrichten und als Symbol des Glaubens gebrauchen können. Die Auferstehung läßt sich in kein Zeichen und kein Bild fassen. Das Geschehen bleibt unsichtbar und kann durch Irdisches nicht symbolisiert werden. Hier ist nur der Glaube möglich, der nicht sieht.

Wenn wir zurückgehen von unseren Erfahrungen, unserem Glauben bis zum „leeren Grab“, kommen uns die Jünger entgegen und rufen: „Der Herr ist wahrhaftig auferstanden …“ (Lukas 24, 34). Was ist nun früher: meine (subjektive) Erfahrung, daß Christus lebt, die mich erkennen läßt, daß das Grab leer war, oder die Botschaft der Jünger von der Auferstehung Jesu, die mich durch die Heilige Schrift und die Kette der Zeugen durch die Jahrhunderte hin erreicht? Selbstverständlich: ohne das Zeugnis der Schrift gäbe es meine Erfahrung nicht, hätte ich keinen Glauben, wüßte ich nicht, daß Jesus lebt. Aber meine Erfahrung *jetzt* macht aus dem Bericht der Bibel lebendige Gegenwart, Oster-Gewißheit. Eines stützt das andere, öffnet den Blick in die neue Realität.

Der Jesus, der am See Tiberias den Jüngern erscheint, ist der Auferstandene. Auch der Jesus, der in uns geboren wird, der uns mit seinem Wort begleitet, hat den Tod überwunden. Indem er in uns lebt, indem wir ihn hören und ihm glauben, werden wir in seine Auferstehung hineingerissen. Das meint Paulus, wenn er im Brief an die Kolosser schreibt: „… Mit ihm seid ihr auch auferstanden durch den Glauben, den Gott wirkt, welcher ihn auferweckt hat von den Toten.“ (2, 12) Auferstehung ist schon Gegenwart, göttliche Wirklichkeit mitten in dieser Zeit, die auch uns erfaßt. „Tod, wo ist dein Stachel?“ – wer wollte sich da noch fürchten!

Auferstehung – Da bleibt eine Identität gewahrt zwischen dem, was hier auf Erden ist, was wir hier sind, und dem, was einmal sein wird. Wie kommt diese Identität zustande? Sie ist in Gottes Wort gegründet, das diese und die kommende Welt trägt. Er, der die Welt erschuf, der uns hier auf Erden beim Namen ruft und damit zu seinen Kindern macht, wahrt in sich unsere Identität und ruft uns in der neuen Schöpfung zu neuem Leben. Wir bleiben im Wort Gottes geborgen, das uns in diese Welt rief und in die nächste hinein auferstehen läßt. Es trägt uns über die Grenze. Wir bleiben lebendig im lebendigen Gott.

Wir klopfen ständig an die verschlossene Himmelstür, möchten „hinüber"-sehen. Die Religionen malen uns die Ewigkeit in leuchtenden Farben aus. Die Bibel verheißt einen neuen Himmel und eine neue Erde, in denen Gerechtigkeit wohnt. Wir lassen uns von der Gewalt der Worte nur zu gern mitreißen und unsere Angst besänftigen. Ob das in der letzten Stunde helfen wird? Ohne daß wir es zugeben, fürchten wir, daß Tod und Verwesung stärker sein werden als alle diese Versprechungen, diese Hoffnungen. Bis wir die Worte Jesu hören, sein Angesicht sehen, bis wir seine Hände fühlen, die sich uns entgegenstrecken wie die Hände des Vaters, die den verlorenen Sohn empfangen. Sie ziehen uns hinüber. Die Worte Jesu sind Hände, die retten.

Du wirst einen Begleiter brauchen
in den dunklen Stunden:
Christus, den Auferstandenen.
Wie gut, daß du ihn kennst
und so oft schon erfahren hast,
daß er bei dir ist und dir hilft.

„Denn wir wissen: Wenn unser irdisch Haus, diese Hütte, zerbrochen wird, so haben wir einen Bau von Gott erbaut, ein Haus, nicht mit Händen gemacht, das ewig ist im Himmel." In unserem Glauben ist dieser Bau, dieses Haus, schon jetzt vorhanden. So sind wir niemals „unbehaust", können nicht heimatlos gemacht werden, unsere „Identität" nicht verlieren. (2. Korinther 5, 1)

Die Seele ist der Ort der Identität, der Einheit unseres sterblichen Leibes und unseres „geistlichen" Auferstehungsleibes. Wie uns das Schöpfungswort Gottes aus dem Nichts ins Leben rief, so weckt uns das Wort Gottes auf, das den neuen Himmel und die neue Erde schafft. So sind wir letztlich immer im „Liebeswort" Gottes gegründet und bewahrt.

Die Zahl derer, die schon heimgegangen sind und uns im Himmel erwarten, wird immer größer. So verlagert sich schon jetzt unser Schwerpunkt. Welch ein Wiedersehn wird das sein!

Sich nicht mehr mitteilen, nicht mehr mit anderen reden zu können, das ist der Tod. Und Auferstehung ist: in Christus erneut das Gegenüber zu finden, zu dem wir sprechen können, das uns zuhört.
Auf dem Grabstein Sören Kierkegaards sind Verse eingemeißelt, die der dänische Dichter Brorson geschrieben hat:

Noch eine kleine Zeit,
So ist's gewonnen,
So ist der ganze Streit
In nichts zerronnen;

In Rosensälen darf
Ohn Unterbrechen
Ich dann in Ewigkeit
Mit Jesus sprechen.

Angesicht Christi

Man muß Gott „nach dem, wer er ist, nicht was er ist, (non quis, sed quid) zu schauen begehren“, sagt Wilhelm von St. Thierry. Das bedeutet doch, daß wir ihm nur personal, nicht als Objekt begegnen können, also: in Christus. Wer das Angesicht Christi sieht, sieht Gott. (2. Korinther 3, 18)

Wir wissen nicht, wie Jesus Christus ausgesehen hat. Wir kennen sein Angesicht nicht. Und doch kommt es uns lebendig entgegen, machen wir uns eine Vorstellung. Wenn wir leiden müssen, kann das Antlitz des Gekreuzigten vor uns auftauchen und uns trösten. In seinem Passionslied „O Haupt voll Blut und Wunden“, schreibt Paul Gerhard:

Erscheine mir zum Schilde,
zum Trost in meinem Tod
und laß mich sehn dein Bilde
in deiner Kreuzesnot.
Da will ich nach dir blicken,
da will ich glaubensvoll
dich fest an mein Herz drücken.
Wer so stirbt, der stirbt wohl.

Wir sind voll Angst, bis uns Jesu Angesicht erscheint. Es leuchtet aus der Dunkelheit hervor, die uns umgibt. Es ist sein Angesicht, das uns entgegenkommt, wenn wir den Tunnel des Todes durchschreiten. Im 80. Psalm heißt es: „Gott, laß leuchten dein Antlitz, so genesen wir.“

Mache Dir Dein Bildnis von Jesus, schaue Deinen Jesus. Er ist's, der am Ufer steht am Morgen nach dem vergeblichen Fischfang, nach dem vergeblichen Suchen.
„Was man ‚sieht', ist keine Frage der Augen, sondern eine Frage des Herzens, und es geht primär nicht um Dinge und Tatbestände, sondern um die *Bedeutung* und den *Sinn* dessen, was ist." (Drewermann) Wir dürfen Jesus mit den Augen des Herzens sehen, auch wenn er den leiblichen Augen verborgen bleibt.

Nikolaus Graf von Zinzendorf schreibt: „Das leibliche Auge muß Ihn ungesehen lassen. Aber das sehende Auge muß Ihn sehen."

Mache dir ein Bild von Jesus! Erkenne den Glanz der Herrlichkeit Gottes auf seinem Angesicht!

Die Herrlichkeit Gottes ist auf dem Angesicht Jesu Christi zu sehen (2. Korinther 4, 6). Er selbst ist das Reich Gottes, das in ihm schon „mitten" unter uns ist (Lukas 17, 21). Ja – „inwendig" in uns, wie Luther übersetzt hat.

Gott: ein schutzloses Kind

Gott ist machtlos, wo er machtlos sein will. Darum brauchen wir uns nicht zu fürchten. Die Machtlosigkeit Gottes ist seine freiwillige Tat: Er wird „Fleisch", ein schutzloses Kind, er liefert sich den Händen der Menschen aus, wird ans Kreuz geschlagen. Christus nahm es „nicht als einen Raub, Gott gleich zu sein, sondern entäußerte sich selbst und nahm Knechtsgestalt an ... Er erniedrigte sich selbst und ward gehorsam bis zum Tode, ja zum Tode am Kreuz" (Philipper 2.6 ff.). Gottes „Machtlosigkeit" hebt seine Macht nicht auf, es sei denn dort, wo er es will. Seine Macht schimmert auch dort noch durch, wo er von ihr keinen Gebrauch macht, wo er uns scheinbar preisgibt. Sie ist „Macht der Liebe", ob sie nun bewahrt oder im Leiden mit dem Kreuz Christi verbindet.

Gott ist ohnmächtig geworden, läßt sich ans Kreuz schlagen. Aber er ist dazu nicht gezwungen. Er tut es freiwillig. Jesus vor Pilatus: ein Reich ist nicht von dieser Welt. Wäre mein Reich von dieser Welt, meine Diener würden darum kämpfen, daß ich den Juden nicht überantwortet würde ..." (Johannes 18, 36).

Jedes Gebet schließt die Bereitschaft ein, auch die Erfahrung der Ohnmacht Gottes zu machen. Da müssen wir dann unser Kreuz auf uns nehmen.

Wir erleben die Macht Gottes und die Ohnmacht Gottes – Bewahrung und Preisgegebenheit. Darum bleibt unser Schicksal undurchschaubar, nicht vorhersehbar. Wann Gott handelt, wann er auf seine Macht verzichtet und den Dingen ihren Lauf läßt, bleibt Geheimnis. Gerade weil wir mit Christus verbunden sind, wird das Geheimnis nur noch größer: nun nehmen wir in besonderer Weise an seiner Ohnmacht teil, müssen mit ihm leiden.

Gott, der als Kind zur Welt kam, will „das Kind in uns" befreien, hervorlocken. Nicht das Mächtige, Gewaltsame, sondern das Kindhafte in uns soll gestärkt werden. Wenn wir das Kind in der Krippe anbeten, ändert sich etwas in uns, werden wir ihm gleich.

In Jesus, in seiner Geburt als Kind und in seinem Sterben am Kreuz hat Gott sich klein gemacht, ist der Allmächtige ohnmächtig geworden. In ihm ist immer beides da: er heilt Kranke, gebietet den Wellen, wird verklärt und ist darin wahrhaftiger Gott. Und er wird verfolgt, am Kreuz getötet, ruft: „Mein Gott, mein Gott, warum hast du mich verlassen?", und ist darin wahrhaftiger Mensch.
So erfahren wir alle Gott: einmal ist er der, der uns behütet, der uns hilft, dann wieder scheinen wir von ihm verlassen zu sein. Glauben heißt: wissen und durch alle Schwierigkeiten hindurch festhalten, daß Gott alles zu einem guten Ende bringt, sich als der erweist, der Jesus auferweckt hat und auch uns auferwecken wird.

ZEIT WIE EWIGKEIT

Für Mystiker verschränken
sich Zeit und Ewigkeit.
Wer stille wird
und sich in Gott versenkt,
für den bricht schon in der Zeit
die Ewigkeit an.
Er lebt im „göttlichen Augenblick“.

Stufen

Aufstieg zu Gott – die Anstrengung muß sich in die von Gottes Gnade getragene Leichtigkeit verwandeln, nicht mehr Steigen, sondern Fliegen. Auch im „Aufstieg" muß die ständige Begegnung mit Christus gesucht werden und erhalten bleiben. Genau besehen stehen wir immer auf der tiefsten und der obersten Sprosse der Leiter zugleich: Sünder und Gerechtfertigte.

Alles ist Geschenk Gottes, alles ist Gnade. Aber die Seele muß bereit sein, solches Geschenk zu empfangen, mit Maria zu sprechen: „Mir geschehe, wie du gesagt hast."

Der „Weg der Läuterung" wird als Voraussetzung für die „Erleuchtung" und die „Vereinigung mit Gott" angesehen. Dabei darf aber nicht vergessen werden, daß die Liebesbegegnung der menschlichen Seele mit Gott keine andere Voraussetzung kennt, als die aller menschlichen Liebe zuvorkommende Liebe Gottes: „Lasset uns lieben, denn er hat uns zuerst geliebt." (1. Johannesbrief 4, 19) Der Wunsch nach Läuterung ist immer schon eine Folge dessen, daß Gott sich uns in Liebe zugewandt hat.

Mystik meint nicht eine Methode, zu Gott aufzusteigen, sondern die Erfahrung, daß Gott zu uns herabgestiegen ist, daß er uns zu sich ziehen will.

Der Gedanke, daß sich in der Seele „jene höchste Einigung" nur vollziehen kann, wenn sie zuvor „durch Bürden und Versuchungen" (Johannes vom Kreuz) geläutert wurde, liegt menschlich nahe. Es ist auch durchaus sinnvoll, in Drangsalen und Leiden die Hand Gottes zu erkennen, die uns näher zu sich zieht und hoffen lehrt (Römer 5). Aber das Unerwartete, das Überwältigende der Liebe Gottes geht so verloren. Es bleibt überraschend, ungeschuldet, daß Gott uns liebt. Zwischenstadien und Zwischenstufen kann es da nicht geben.

Es gibt keine mystische Begnadung ohne die Bereitschaft, Leiden, die Gott auferlegt, „mit Geduld und Treue" (Johannes vom Kreuz) zu ertragen. Eine andere Frage ist es, wie weit Aszese und Abkehr von der Welt zum mystischen Weg gehören. Ohne Zweifel haben viele Mystiker die Abkehr von der Welt für unerläßlich gehalten. Aber Buße und Abkehr von der Welt können nur dort echt sein, wo sie aus übergroßer Liebe zu Gott fließen. So wie sich der Liebende nur noch für die Geliebte interessiert, alles andere seine Verlockung verliert, so kann es dem gehen, der von Gott geliebt wird und der Gott zu lieben beginnt.
Gleichzeitig wächst mit der Liebe zu Gott auch die Liebe zu den Menschen und – in geläuterter Form – auch zur Welt. Es ist eine andere Liebe als die wir vorher hatten. Sie sucht nun nicht mehr „das Ihre", sondern das des andern, sie ist zu Opfern bereit. Auch Aszese kann in ihr eingeschlossen sein, ist eine Möglichkeit, sich Gott ganz und gar hinzugeben.

Es gibt keinen Aufstieg zu Gott ohne die Bereitschaft zu Verzicht und Opfer, ohne Leidensbereitschaft.

Welcher Liebende möchte im Ernst behaupten, er könne sich von Stufe zu Stufe zum Geliebten emporarbeiten, bis er seiner ganz würdig ist? Und: Welcher Liebende könnte in Wahrheit zusehen, wie sich der andere abmüht, sich quält, verzweifelt. Nein – er kommt ihm entgegen, umarmt ihn – auf der untersten Stufe schon, ja gerade auf ihr. So handelt Gott, ein solcher Liebender ist Gott.

Gott hat die Welt geliebt – also brauchen wir sie nicht zu verachten, wenn wir ihm nahe sein wollen. Aber wir müssen sie mit seiner Liebe zu lieben lernen, mit der Liebe, die sich in Jesus Christus offenbart hat und sich zu opfern bereit war.

Es gibt geistliche Reifegrade, Grade der Einsicht und der Vollkommenheit. So sagt Paulus im 1. Korintherbrief: „Und ich, liebe Brüder, konnte auch mit euch nicht reden als mit geistlichen Menschen, sondern als mit fleischlichen, wie mit jungen Kindern in Christus. Milch habe ich euch zu trinken gegeben, und nicht feste Speise; denn ihr konntet sie noch nicht vertragen …" (3, 2). Und im Brief an die Epheser ist davon die Rede, daß es im Christenleben einen Fortschritt gibt, „bis daß wir alle hinankommen zur Einheit des Glaubens und der Erkenntnis des Sohnes Gottes … zum vollen Maß der Fülle Christi" (4, 13). Uns kommt oft beides abhanden; die Achtung vor denen, die schon „zum vollen Maß der Fülle Christi" gelangt sind (und als solche ein Vorbild sein könnten), und der Impuls, selber nach solcher Vollkommenheit zu streben.

Es ist sehr wichtig, daß der Mensch, der geistliche Erfahrungen, vielleicht sogar besonderer Art, gemacht hat, nicht überheblich wird, nicht auf andere, die nur geringe Erfahrungen haben, herabsieht. Denn nicht das eigene Verdienst und die eigene Würdigkeit sind die Ursache solcher Erfahrungen, sondern allein Gottes Gnade.

Wer die Frage nach dem gnädigen Gott nicht stellt, hat keinen Gott mehr. Denn wer Gott sagt, Gott denkt, sich ihm gegenüber fühlt, erkennt die Differenz, den Abstand, die eigene Verlorenheit. Er bittet um Gnade.

„Mystik ist ein Liebesprozeß“ (Bruno Borchert). Oder: sie ist ein Weg zu Gott, den man geht, besser: geführt wird, eine Leiter, deren Stufen man ersteigt.
Im Gehen dieses Weges gibt es – wie in der Liebe – ein Auf und Nieder, ein „Himmelhochjauchzend“ und ein „Zutodebetrübt“ (die „dunkle Nacht“). Wie in der Liebe gibt es auch ein „Durchhalten“, nicht allein im Gefühl, das immer schwankend ist, sondern unter Mitwirkung des Willens. „Liebe ist eine Richtung des Herzens“, schreibt Simone Weil, und das heißt: eine Richtung, die man zu Gott hin einschlägt, und von der man nicht abweicht.
Wir wollen uns also auf einen Weg machen, Stufen (zum Berge „Karmel“ – Johannes vom Kreuz) ersteigen. Der Weg hat ein Ziel, verläuft in der Zeit zur Ewigkeit hin, aber so, daß in der Gegenwart die Zukunft immer schon da ist, daß die Ewigkeit in der Zeit präsent ist (Jakob Böhme). Wir sind schon angekommen, obgleich wir noch unterwegs sind.
So ist der Glaube Warten und Erfüllung zugleich, da fallen „Schon“ und „Noch-nicht“ zusammen.

Stille und Kontemplation

Wie in der Mitte des Wirbelsturms absolute Stille herrscht, so ist Stille auch in der Mitte der Welt. In dieser Stille wohnt Gott. Der Glaube hat Zugang zu dieser Stille.

Stufen der Annäherung an Gott:
Stille werden in der Gegenwart Gottes.
Auf das Flüstern des Geistes hören. Er weht, wo er will.
In der Heiligen Schrift Christus suchen.
Sich Gott in Liebe überlassen. Sich mit ihm in ein Gespräch einlassen.

Wer Menschen zur Stille führen will, muß zunächst ihr Lärmen ertragen. Wenn Gottes Stille den Menschen erfüllt, hört das Lärmen auf.

Erika Lorenz schreibt: „Christliche Meditation ist das Sich-hinein-Denken, Hineinspüren in heilige Texte." Was ist ein heiliger Text? Ein Text, aus dem Christus spricht, der ein Medium seiner Stimme, seiner Ansprache an uns ist. Ganz von Ferne können auch wir die Stimme Christi vernehmen, sie kann uns einen Durchblick eröffnen: Ja, Er ist da; ja, dies ist ein heiliger Text.

In der Nachfolge Christi darf und muß jeder seinen eigenen Weg zu Gott suchen und finden. Hier herrscht die fröhliche Freiheit der Kinder Gottes. Es gibt nicht *den* Weg zu Gott, auch nicht *den* mystischen Weg. Zu undifferenziert, zu simpel bieten wir oft den für uns geeigneten Weg als den allgemein verbindlichen an, während es Gott überlassen bleiben muß, wie er die Seele führt, läutert, in der seligen *unio* umarmt.

Nicht das Leerwerden der Seele führt zur Fülle, sondern die Fülle selber ist es, die sich Raum verschafft und die Seele leer macht von anderen Dingen. Darum braucht sich niemand zu bemühen, leer zu werden, sondern sollte sich vielmehr darauf konzentrieren, von Gott gefüllt zu werden.
Nimm Göttliches auf soviel du kannst: Es wird ganz von selbst dein Inneres erfüllen und durchdringen. Lasse Gottes Wort „reichlich in dir wohnen“ (Kolosserbrief 3, 16), bis du dann wie von selbst von ihm aus zu denken und zu fühlen beginnst, bis „Psalmen und Lobgesänge“ dein Herz erfüllen. Fülle dich mit Gebet und Anbetung: Jedes Wort, das du zu Gott sprichst, jeder zaghafte Gedanke, den du auf ihn richtest, hat Kraft, sich auszubreiten und läßt Zweifel, Angst und Resignation, wie sie aus deiner Natur aufsteigen, verstummen. Am Ende wohnt so „die Fülle der Gottheit“ ganz in deinem Herzen, lebst nicht mehr du mit deinem „Ich“, sondern lebt Christus in dir, der durch dich hindurch handelt und dich in seine Auferstehung hineinzieht.

Es gibt die Annäherung an Gott durch Kontemplation, wie sie die Mystiker lehrten, aber auch durch die Tat der Liebe, die sich opfert. Da mag es sich um einen Menschen handeln, der die Kontemplation nicht kennt, aber der ein Herz hat, das sich des Mitmenschen erbarmt. Man darf Innerlichkeit und Aktion nicht gegeneinander ausspielen. In beidem ist Gott am Werke.
Echte Kontemplation führt immer auch zur Tat, und die Tat der Liebe, die den andern und nicht sich selbst meint, enthält immer auch schon Elemente innerster Gottzugewandtheit.

Sich auf den Weg machen, auf dem man schon ist. Ein Gespür für den Ruf Gottes entwickeln. Mit Gott aus der Stille heraus in ein Gespräch kommen, das niemals endet.

Die Mitte der Gottesliebe ist schweigende Anbetung.

Wie verhalten sich *Kontemplation* und *Aktion* zueinander? Beide gehören zusammen, ergänzen einander. Kontemplation, die nicht in Werke der Liebe mündet, ist unfruchtbare „Innerlichkeit"; Aktion, die nicht in der Kontemplation ihren Urgrund hat und immer neu die Quelle ihrer Kraft sucht, führt zu Selbstgerechtigkeit und Hybris, wird „Werkerei". Wichtig aber ist, daß die Reihenfolge gewahrt bleibt. Die Kontemplation ist das Ursprüngliche und immer neu das Erste, so wie der Glaube das Erste ist, aus dem die Werke hervorgehen.

Was ist Mystik?

Mystik ist ein Zustand der Seele, in dem sich Zeit und Ewigkeit berühren.

„Wir sehen jetzt durch einen Spiegel ein dunkles Bild; dann aber von Angesicht zu Angesicht ..." (1. Korinther 13, 12). Jetzt und dann: Die Spannung dazwischen wird auch in der Mystik nicht aufgehoben. Aber sie kann sich für Augenblicke verringern.

Mystik ist kein eigenes System des Glaubens, hat schon gar keine eigene „Theologie", aber entflammt die glimmende Kohle zu neuem Feuer.

Man sollte Mystik nicht von den Höhepunkten her beschreiben, von der Vereinigung der Seele mit Gott, wie sie die Mystiker erfahren haben. Man sollte sie vom Weg her beschreiben, auf dem sich *viele* befinden. So kann sich jeder mit *den* Erfahrungen einbringen, die er jetzt schon hat, und Ermutigung erhalten, weitere Erfahrungen zu machen.

Mystik ist Hingabe des Herzens an Christus, Bereitschaft, das Kreuz mit ihm zu tragen, Erkenntnis der eigenen Niedrigkeit, Glaube, daß Gott uns trotzdem „ansieht", wie er Maria angesehen hat.

Mystik ist eine Dimension des Geistigen, ja, des Lebens schlechthin. Denn alle Stunden und Tage des Menschen sind von Rätseln und Geheimnissen durchwoben. Man muß dies nur zu erkennen beginnen. Ein Mystiker ist ein Mensch, der solche Aufmerksamkeit besitzt.

Gewisse Elemente mystischer Spiritualität sind unverzichtbar, wenn es um die Erneuerung des geistlichen Lebens in unserer Zeit geht. Darum konnte Karl Rahner sagen: „Der Fromme von morgen wird ein ‚Mystiker' sein, einer, der etwas erfahren hat, oder er wird nicht mehr sein."

Mystische Spiritualität ist eine Spiritualität, die die Bibel mit neuen Augen liest, die nicht alles erklären und verstehen muß, aber alles im Herzen bewegen will, die sich von den Mystikern und ihrer Verkündigung in die Geheimnisse der Liebe zu Gott einführen läßt. Mystische Spiritualität ist damit nichts Besonderes, Außergewöhnliches, oder besser gesagt, sie ist nicht außergewöhnlicher als der Glaube und seine Geheimnisse überhaupt. Sie hängt nicht an außergewöhnlichen Erfahrungen, Auditionen oder Visionen. Sie ist eine Form der geduldigen Suche nach Gott, einer Liebe, die sich nicht beirren läßt, einer Hoffnung, die weiß, daß sie nicht zuschanden wird. Sie entspricht einer tiefen Sehnsucht der Menschen aller Zeiten, aber besonders auch unserer Zeit, nach unmittelbarer Gotteserfahrung anstelle bloßer intellektueller Aneignung von Lehrsätzen und Dogmen. Das Mystische ist wie ein Geschmack, ein Duft, der über allem liegt und in allem kräftig ist, sich aber verflüchtigt, wenn wir versuchen, kritisch-rational zuzugreifen und uns solchen Geheimnissen allein über die Vernunft zu nähern.

Mystik ist nichts Esoterisches, Irrationales. Es gibt auch keine besonderen Praktiken und Methoden, sich Gott zu nähern, die für alle und allemal gelten. Wir müssen auswählen, was uns von den Überlegungen der Mystiker anspricht, was für uns geeignet ist, was uns fördert. Am besten fangen wir damit an, das, was wir schon immer tun, mit größerer Konzentration, mit auf Gott hin geöffnetem Herzen zu tun. Von da aus wird sich dann alles andere ergeben, wird sich unser eigener Weg zu Gott auftun.

Wenn sich Menschen heute für Mystik interessieren, in ihr Hinweise für das eigene geistliche Leben suchen, werden sie ihre „Weise“ finden müssen, ganz für Gott und seine Liebe dazusein, und doch gleichzeitig ihren Auftrag in dieser Welt zu erfüllen. Die Bemühungen um einen mystischen Lebensstil müssen gerade hier ansetzen: Wie können Demut, Geduld, Leidensbereitschaft, Gelassenheit heute aussehen?

Das Besondere der christlichen Mystik, ihre unverwechselbare Eigenart, liegt darin, daß Christus selbst Ausgangspunkt, Mitte und Zielpunkt ist, A und O, und nichts und niemand anderes.

Die Kenntnis der Mystik anderer Religionen ist auch für den Freund christlicher Mystik sinnvoll und wichtig. Sie steht jedoch nicht im Mittelpunkt. In ihr geht es um den Weg zu Gott, den Christus weist und der er selbst ist, um die Wahrheit, in die er führt, um das Leben, das er schenkt.

Wer als Christ der Mystik den Zugang zu seiner Glaubenswelt öffnet, muß in Kauf nehmen, daß durch dieses Tor auch allerhand unliebsame Geister eindringen. So bedeutet ein mystischer Weg keineswegs, daß sich Harmonie ausbreitet, sondern es wird darum gerungen, daß die Flamme der Mystik nicht rußig und trübe wird, und die Freunde der Mystik nicht in die Irre geführt werden.

Mystik kann ansteckend sein. Ein Funke springt über. Wer sich mit Mystik beschäftigt, erfährt nicht nur, was Mystik ist, er kann selbst von ihrem Geist berührt werden, eine neue, tiefere „Spiritualität" gewinnen.

Einer fragte, was mystische Erfahrung sei.
Ein Freund der Mystik antwortete ihm:
„Es ist ein Zustand vollkommenen Glücks, da sich Zeit und Ewigkeit durchdringen, Erde und Himmel berühren."
„Und wie kann die Seele in diesen Zustand kommen?", fragte jener weiter.
„Indem sie alles aufgibt, was sie von Gott trennt, und sich in seine geöffneten Arme fallen läßt."
Da wurde jener traurig und sagte: „Das kann ich nicht tun, denn ich habe Angst, mich zu verlieren."
Der Freund der Mystik antwortete: „Gerade darin liegt das Glück. Denn wer sich *in Gott* verliert, findet sich.

ZUM AUSKLANG

Die Bibel – Gottes Liebesbrief an uns

Das Verhältnis zur Bibel ist in eine Krise geraten. Für viele Menschen ist sie ein unbekanntes Buch geworden. So hat eine Umfrage ergeben, daß sie nur noch von fünf Prozent häufig, von 48 Prozent aber nie gelesen wird. Auch manche Predigten haben zwar noch einen biblischen Text als Grundlage, legen ihn aber nicht eigentlich aus, sondern verändern seinen Inhalt, verkürzen ihn, setzen eigene Gedanken an die Stelle der biblischen Aussagen.

Das jedenfalls stellt der Praktische Theologe Manfred Josuttis in der Einleitung zu seinem Predigtband „Offene Geheimnisse“ fest. Da heißt es:

> „Die Bibel ist auch ein esoterisches Buch, das Christentum ist auch eine Mysterienreligion. Wer die Wirklichkeit dessen, wovon in den neutestamentlichen Texten die Rede ist, einigermaßen präzise erfassen will, der muß die Oberfläche des Rationalismus, der in manchen Kommentaren zu lesen und auf zahlreichen Kanzeln zu hören ist, durchstoßen. Auslegung wird unvermeidlich als Austreibung praktiziert, wenn die Autorität der Heiligen Schrift und die Realität des Heiligen Geistes nicht ernsthaft wahrgenommen werden. Dann kann man alles historisch erklären, psychologisch aktualisieren, zur Sinnstiftung einsetzen und zur Nachahmung empfehlen – aber die Macht Gottes, die das Evangelium nach Paulus (Römer 1, 16) charakterisiert, wird dabei aufgelöst und zu einer menschlichen Allerweltsweisheit verflacht …“ (S. 7)

Die Suche nach dem im Text verborgenen „offenen Geheimnis“ führt in die Nähe der Mystik und läßt die Frage aufkommen, ob es nicht sinnvoll sein könnte, von ihr etwas über den rechten Umgang mit Gottes Wort zu lernen, die Bibel mit den Augen eines Mystikers und einer Mystikerin zu lesen. So soll hier der Versuch gemacht werden, in der Hauptsache anhand der Schriften des Mystikers Gerhard Tersteegen, einige Überlegungen dazu beizusteuern. Denn die Schwierigkeiten, die sich dem heutigen Leser beim Lesen der Bibel entgegenstellen, stammen ja nur zum Teil aus Unlust und Unwillen, sich mit der Heiligen Schrift zu beschäftigen. Es fehlt auch an Einsichten, die den Zugang öffnen. Hier hat gerade die Mystik, und eben nicht zuletzt auch Gerhard Tersteegen, einiges erkannt und festgehalten, das helfen kann, Schwierigkeiten zu überwinden.

Die Bibel ist „ein Liebesbrief, vom Himmel zugesandt"

Zunächst muß es um unser grundsätzliches Verhältnis zur Heiligen Schrift gehen, wenn wir sie neu zu lesen lernen wollen. Manche haben es schon einmal versucht, sie von Anfang an zu lesen – und sind an dieser Aufgabe gescheitert. Da geht es zum Beispiel im Alten Testament um historische Ereignisse, die weit zurückliegen, oft um Kämpfe und blutige Kriege. Was bedeutet das für unseren Glauben heute, für unser Fortschreiten auf dem Wege zu Gott? Oder es geht im Neuen Testament um Lehrauseinandersetzungen, die dem heutigen Leser kaum mehr verständlich sind, und mit denen er wenig anzufangen weiß.
Aber, so lehrt uns Tersteegen, die Bibel muß ganz anders gelesen werden, ist von ganz anderer Art. Sie ist kein Geschichtsbuch, auch keine Sammlung von Dogmen und Lehrsätzen. Sie ist ein Liebesbrief. So will sie empfangen und gelesen werden, nur so läßt sich ihr Sinn erschließen.
In seiner „Anweisung zum rechten Verstand und nützlichen Gebrauch der heiligen Schrift" schreibt er:

„Demütiger Dank sei dir, lieber Jesu, für die werte Gabe deines geschriebenen Wortes, so du als einen Liebesbrief uns ausgewandten Kreaturen vom Himmel zugesandt durch deine auserwählten Boten, uns dadurch zu dir selbst, zu deiner Liebesgemeinschaft im Geiste, wiederum einzuladen und einzuweisen."[22]

Ein Liebesbrief – das ist etwas anderes als ein „Text", eine historische Urkunde oder ein Lehrbuch der Dogmatik. Da wird von Herz zu Herz gesprochen, eben von Gottes Herzen zu unserem Herzen. Und es geht nicht nur um Mitteilungen von Ereignissen und Wahrheiten, sondern um die Herstellung der innigsten Gemeinschaft, der „Liebesgemeinschaft" zwischen Gott und Mensch.

Einen Liebesbrief empfängt man, liest man anders als sonstige Schriftstücke. Man freut sich, ihn zu öffnen, ist gespannt auf seinen Inhalt, ist bereit, Mühe aufzuwenden, ihn zu verstehen, seine verborgenen Geheimnisse zu ergründen.

Vielleicht fängt unsere Schwierigkeit mit der Bibel schon dabei an, wie wir sie in die Hand nehmen, ob wir ihren unendlichen Wert begreifen, auf die Botschaft gespannt sind, die sie uns zu vermitteln hat.

Die Bibel ist die Verkündung des „heilsamen Rates Gottes zu unserer Erlösung und Seligkeit"

Die Bibel ist ein umfangreiches Buch, aus vielen Stücken zusammengesetzt. Sie enthält vielerlei. Was ist da das Entscheidende, das Wichtigste? Was ist ihr Zweck und Ziel? Tersteegen schreibt:

> „Die heilige Schrift ist die Verkündigung des einigen Mittels und heilsamen Rats Gottes zu unserer Erlösung und Seligkeit ... Darin höret der verlorene arme Sünder von dem Heilande Jesu und von der Vergebung der Sünden, die allein in seinem Namen ist ...“[22]

Sicherlich: die Bibel enthält vieles. Aber das Wichtigste ist die im Wort der Schrift gegebene Verkündigung des göttlichen Willens, uns in Jesus Christus Erlösung und Seligkeit zu schenken, uns in ihm – und nur in ihm – Sünden zu vergeben und die Kluft zu schließen, die Gott und Mensch trennt. Danach also soll man in der Bibel vor allem und immer wieder suchen, sich davon „ansprechen“ lassen. So ist dem Lesen die Richtung gewiesen.
Und Gottes Wort tut, was es verspricht. In dem schon genannten Predigtband spricht Josuttis sogar geradezu von einer „sakramentalen“ Kraft des Wortes, die gerade die Reformation hervorgehoben habe. Er schreibt:

> „Die reformatorische Theologie hat die sakramentale, ja, kreatorische Kraft des Wortes entdeckt. Es schenkt, was es sagt. Wovon es redet, geschieht.“ (S. 13)

So öffnet das Suchen in der Schrift, das Lesen der Schrift, den Zugang zum Glauben, zu Gott, zum ewigen Leben (Johannes 5, 39).
„Lesen“ der Schrift: Dieser Begriff darf dabei nicht eng gefaßt werden. Er umfaßt alle Akte, in denen uns biblische Inhalte begegnen, vor allem auch im Hören des Wortes in Predigt, Unterricht und Seelsorge und selbstverständlich auch im Sehen von Bildern biblischen Inhalts. Auch Bilder können „sprechen“.

In der Bibel geht es nicht um Vergangenheit, sondern um Gegenwart. Alles, was die Schrift sagt, sollen wir auf uns und unsere Welt beziehen

Die Bibel erzählt Ereignisse der Vergangenheit. Wer sie liest, darf jedoch nicht in der Historie steckenbleiben. Alles, was sie sagt, will auf die Gegenwart und auf uns persönlich bezogen werden. Tersteegen schreibt:

> „Sie (die Bibel) ist die richtigste und älteste Kirchenhistorie … Aber es sind nicht bloße Historien; sie bedeuten alle noch etwas anderes. Die Geschichten der Schrift geschehen immer wieder aufs neue: wo nicht äußerlich und nach dem Buchstaben, dennoch innerlich und nach dem Geist."[22]

Und an anderer Stelle, im Vorbericht zum zweiten Buch des „Geistlichen Blumengärtleins" heißt es:

> „… daß es eitel, unnütz und schädlich sei, derart die Schrift zu lesen und auszulegen, daß man nur immer bei dem Buchstaben, dem Geschichtlichen und den äußeren Umständen stehen bleibt und darüber kritisiert und disputiert, … daß es aber endlich der kürzeste Weg und der allerfruchtbarste und beste Gebrauch der Schrift sei, alsbald alles fein auf sich selbst zu deuten, ein jeder auf seine Person, auf seinen Seelenzustand und auf seine Umstände, alles aber einfältig in der Furcht Gottes und nach Handleitung des Geistes der Wahrheit."[21]

Die Bibel ist kein Geschichtsbuch, ebensowenig wie sie ein Lehrbuch der Naturwissenschaften ist. Ihre Texte „bedeuten noch etwas anderes", haben neben dem buchstäblichen noch einen „spirituellen" Sinn, den es beim Lesen zu suchen und zu finden gilt. „Jeder Satz sagt, was er sagt", schreibt Manès Sperber, „aber dahinter steht noch etwas Weiteres". Wir sollen auf unserem Weg zu Gott gefördert, in unserem Glauben an Christus bestärkt werden.

Sicher: Der Buchstabe, der wörtliche Sinn eines Textes darf nicht beiseite gelassen werden, weil Auslegung sonst ins Beliebige gerät. Aber mit der Wahrnehmung von Fakten und

historischen Zusammenhängen sollten wir uns nicht zufriedengeben. Wir sollten in das WORT hineinhören, welche geistliche Botschaft es für uns hat, welche Geheimnisse Gottes uns in ihm kundgemacht werden.
Die Mystiker können bei solchem Gebrauch der Bibel manchen Hinweis geben. So hat sich zum Beispiel Bernhard von Clairvaux besonders eindringlich um die Auslegung des Hohenliedes bemüht. Wie viele andere sieht er in der Schilderung der Liebe des Bräutigams zur Braut einen Hinweis auf das Verhältnis Christi zur Kirche beziehungsweise zur menschlichen Seele.
Er schreibt:

> „Göttliche Eingebung trieb also Salomon dazu an, Christi und der Kirche Lob, die Anmut ihrer heiligen Liebe und die Geheimnisse ihrer ewigen Vermählung zu besingen. Zugleich gab er der Sehnsucht der heiligen Seele Ausdruck und dichtete in geistigem Entzücken ihr Brautlied, in lieblicher, aber verhüllter Bildersprache.“[1]

Nicht alles von dem, was Mystiker zu biblischen Texten schrieben, in ihnen fanden und aus ihnen herauslasen, läßt sich freilich heute ohne weiteres übernehmen. Manches erscheint uns zu gewagt, zu weit vom Wortlaut der Bibel entfernt zu sein. Anderes aber trifft den spirituellen Sinn der Texte genau, schließt ihre Tiefendimension auf und macht ihr Verborgenes oft besser offenbar, als heutige Interpretationen und Auslegungen es tun. Es lohnt sich also beim Lesen der Bibel durchaus, Auslegungen der Mystiker mit zu Rate zu ziehen.

Die Bibel „lockt und leitet" zu einer „innigen Gemeinschaft" mit Jesus Christus Er ist die Mitte ihrer Texte

Wer die Heilige Schrift mit Gewinn lesen will, muß um ihre Mitte wissen, sie festhalten.
Dazu schreibt Gerhard Tersteegen:

> „Denn dies ist der eigentliche Hauptzweck Gottes und der endliche Sinn des Geistes in der Schrift, wohin die ganze Bibel und alles in derselben zielt … nämlich, uns durch dieses teure Heilsmittel aus unserer jämmerlichen Entfernung und Zerstreuung in Kreatur und Eigenheit wiederum zu locken und zu leiten zu ihm selbst, zu seiner innigen Gemeinschaft in Christo Jesu. Diesen Endzweck müssen auch wir beim Gebrauch der Schrift nimmer aus den Augen lassen, oder wir lesen sie vergebens."[22]

Auf Jesus Christus kommt es an, ihn gilt es in der Heiligen Schrift zu suchen und zu finden, seine Stimme in ihr zu hören. Tersteegen liegt hier ganz auf der Linie Luthers, der in der Vorrede zum Jakobusbrief schreibt:

> „Und darin stimmen alle rechtschaffenen heiligen Bücher überein, daß sie allesamt Christum predigen und treiben."

Auslegungen, die in Jesus den verborgenen Sinn des Bibelwortes sahen, nannte man schon in sehr früher Zeit „mystisch". Auch in gewissen Texten des Alten Testaments kann der Glaubende Hinweise auf Christus erkennen. Sie sind auf ihn hin transparent.
Wo Jesus Christus nicht mehr die bestimmende Mitte ist oder gar ganz beiseite gelassen wird, lesen (und predigen) wir die Bibel in der Tat „vergebens".

Wer die Bibel verstehen will, darf „Kreuz und Leiden" nicht fliehen

Wer die Bibel liest, begegnet einer Botschaft, die Schmerzen und Leiden nicht ausklammert, sondern positiv einbezieht, die es dem Menschen zumutet, Gott auch dort noch gehorsam zu sein und zu lieben, wo das Opfer kostet. Gerhard Tersteegen schreibt:

> „Wer ... die heilige Schrift gründlich verstehen will, der mache sich zuvor gefaßt auf Kreuz und Leiden ... Er lasse sich von dem Geist der Zucht in die wahre Buße einführen und beuge seinen Nacken unter Christi Kreuzesjoch. So wird ihm gewißlich das Licht aus der Finsternis hervorkommen. Wo Kreuz ist, da ist Licht."[22]

Der moderne Mensch läuft vor dem Leiden fort, vermeidet es, wo er kann, selbst um den Preis des Ungehorsams gegen Gott. So möchte er in der Heiligen Schrift alles weglassen und überlesen, was ihm Leiden zumutet, was nach „Kreuz" und Opfer aussieht. Wer so handelt, verfehlt jedoch den Sinn der Schrift, die zu Buße und Umkehr leiten will, zu Gehorsam gegenüber Gottes Geboten, auch wenn das schwer fällt. Ein Christentum ohne Leidensbereitschaft gibt es nicht. Gerade die Mystiker haben das gewußt und sind darin dem biblischen Zeugnis treu geblieben. „Lauf nicht fort", schreibt Johannes Tauler, „ertrag das Leiden bis zum Ende und suche nichts anderes! Wenn du dabeibleibst, so ist die Geburt (Gottes in dir) nahe."

Die Bibel verstehen wir nur, wenn wir auch tun, was sie sagt

Die Aussagen der Heiligen Schrift sind unserer Erkenntnis immer ein Stück weit voraus. Wir verstehen manches nicht, es bleibt uns dunkel. Da liegt die Versuchung nahe, es einfach wegzuerklären oder ganz wegzulassen, die Bibel von allem zu reinigen, was unsere Schulweisheit, was das Alltagsbewußtsein des modernen Menschen übersteigt.
Aber es gibt auch einen anderen, den besseren Weg, nämlich zunächst beiseite zu lassen, was uns unverständlich zu sein scheint, aber bei dem anzufangen, was uns schon jetzt deutlich ist und einleuchtet, *und es zu tun.* Im Tun der Wahrheit öffnet sich uns der Sinn der Schrift, hellt sich vieles von dem auf, was zunächst dunkel zu sein scheint.
Tersteegen nennt „die treue Ausübung dessen, was man schon verstehet und wovon man schon überzeuget ist", ein Mittel zum rechten Verstand der Heiligen Schrift und schreibt:

> „Und so sehen wir …, daß die Ausübung und Erfahrung dessen, was die Schrift sagt, eben die beste Erklärung (Commentarius) der Schrift sei … wer Buße tut, der erkennet immer mehr die Buße; wer sich selbst verleugnet, der erkennet immer mehr die Selbstverleugnung, wer betet, glaubt und liebet, der lernet beten, glauben und lieben u.s.w. und erkennet immer mehr und tiefer, was die Schrift damit meinet, und sonst nimmermehr. Und dies wäre eben die rechte hohe Schule, worin alle Studiosi Theologiae (und wir miteinander nicht ausgeschlossen) geführet und geübet werden sollten, ehe sie Meister in Israel würden. Denn die Gottesgelehrtheit oder das Christentum besteht ganz in der Erfahrung."[22]

So stehen Lesen, Tun und Verstehen in Wechselwirkung zueinander, gehören Theorie und Praxis bei der Erkenntnis der Wahrheit untrennbar zusammen. Die Bibel und ihre Wahrheit erschließt sich nicht nur, wenn das, was sie sagt,

als wahr erkannt, sondern vor allem auch, wenn es getan und gelebt wird. Wer Jesu Lehre tut, wird erkennen, „ob sie von Gott sei", heißt es im Johannesevangelium (7, 17).
Noch mag man nicht alles verstehen, was man liest, nicht alles akzeptieren. Aber im „Experiment", in der Erfahrung, die wir im Tun des Wortes machen, wächst Gewißheit, vertieft sich Erkenntnis. Die „mystische Theologie", so hat es Luther in einer Randglosse zu Tauler gesagt, sei „sapientia experimentalis et non doctrinalis" (Weisheit der Erfahrung und nicht der Lehre).
Erkenntnis der Wahrheit im Lesen der Schrift ist darum niemals abgeschlossen. Sie ist ein Prozeß, ein dynamisches Geschehen. Das Tun des Wortes bringt Erfahrung, die Erfahrung läßt das Wort neu und besser begreifen. Da liegt immer noch eine Wahrheit vor uns, in die wir geführt werden sollen (Johannes 16, 13).

Die Bibel will betend und meditierend gelesen werden, in der Stille, in der Gott hörbar wird

Die Lektüre der Bibel ist, wie wir sahen, nicht einfach. Da ist es kein Wunder, wenn Menschen von heute die Geduld verlieren und das Buch wieder beiseite legen. Denn der Mensch von heute ist gewohnt, alles „sofort" zu erhalten, will es sich mühelos aneignen.
Die Heilige Schrift aber ist nicht ohne weiteres zugänglich. Es bedarf einer gewissen Anstrengung, um den Abstand zu überwinden, der die Welt der Bibel von der unseren trennt. Und es bedarf vor allem der äußeren und inneren Stille,

damit uns Gott in seinem Wort ansprechen kann und wir ihn hören können.
Tersteegen schreibt:

> „Vor, unter und nach dem Lesen der Schrift überlasse dich ganz den Wirkungen Gottes …, um in innigster Stille zu hören, was der Herr selbst redet.“[22]

Die Bibel kann nicht gelesen werden wie ein anderes Buch, sie will „meditiert“, im Herzen bewegt werden. Nur wenn wir stille halten „mit allem Denken, Wollen und Wirken“, heißt es bei Tersteegen, kann im Lesen der Schrift Gottes Stimme vernehmbar werden.
Bibellesen will also gelernt und geübt sein. Auch hier gilt: man sollte nicht zögern, damit anzufangen. Das Tun bringt auch hier Erfahrung und läßt unser Verständnis wachsen.
Mit alledem ist naturgemäß bei weitem nicht ausgeschöpft, was Tersteegen, oder gar die Mystik schlechthin, über die Schrift und die rechte Weise, sie zu lesen, gesagt haben. Es ging vielmehr nur darum, einige Gesichtspunkte hervorzuheben, die dem Bibelleser unserer Zeit wichtig sein und helfen könnten, sich intensiver mit der Bibel zu beschäftigen und sie besser zu verstehen.
Wie entscheidend wichtig die Heilige Schrift für den einzelnen Christen, aber auch die Kirche als Ganzes ist, hat Martin Luther auf einem Zettel notiert, den man nach seinem Tode auf dem Tisch fand. Er ist vom 16. Februar 1546 datiert und enthält die letzte schriftliche Äußerung, die wir von Luther haben. Da heißt es:

> „… die heilige Schrift meine niemand genügend verschmeckt zu haben, er habe denn hundert Jahre mit den Propheten Kirchen geleitet. Darum ist es etwas ungeheuer Wunderbares um 1. Johannes den Täufer, 2. Christus, 3. die Apostel. Du lege nicht Hand an diese göttliche Äneis, sondern verehre gebeugt ihre Fußtapfen. Wir sind Bettler: das ist wahr.“

Quellen

1 Bernhard von Clairvaux, Das Hohelied, hg. von der Abtei Mehrerau, Georg Fischer Verlag, Wittlich 1937.

2 „Weil mein Herz bewegt war", hg. von Elisabeth Hense, Herder Verlag, Freiburg i. Br. 1990.

3 Bernhard von Clairvaux, zitiert nach Kurt Ruh, Geschichte der abendländischen Mystik, Bd. I, Verlag C. H. Beck, München 1990.

4 Meister Eckhart, Deutsche Predigten und Traktate, Carl Hanser Verlag, München 1955.

5 Meister Eckhart, zitiert nach Wolfgang Böhme, Geduld bringt Frieden, Insel Verlag, Frankfurt am Main 1994.

6 Meister Eckhart, zitiert nach Kurt Ruh, Meister Eckhart, Verlag C. H. Beck, München 1985.

7 Johannes vom Kreuz, Die lebendige Flamme, übertragen von Irene Behn, Johannes Verlag, Einsiedeln • Trier 1964.

8 Johannes vom Kreuz, Geistlicher Gesang, hg. von P. Aloysius ab immac. conceptione, Kösel-Verlag, München 1967[4].

9 Martin Luther, Vorlesung über den Römerbrief, hg. von H. H. Borcherdt und G. Merz, Chr. Kaiser Verlag, München 1957.

10 Martin Luther, Vorrede zu Bd. I der lateinischen Werke, zitiert nach Heinrich Fausel, D. Martin Luther, Calwer Verlag, Stuttgart 1955.

11 Mechthild von Magdeburg, Das fließende Licht der Gottheit, hg. und übers. von Margot Schmidt, frommann-holzboog, Stuttgart-Bad Cannstatt 1995.

12 Karl Rahner, Schriften zur Theologie, Bd. III, Benziger Verlag, Einsiedeln • Zürich • Köln 1964[6].

13 Karl Rahner, Schriften zur Theologie, Bd. VII, Benziger Verlag Einsiedeln • Zürich • Köln 1966.

14 Edward Schillebeeckx, Menschen, Herder Verlag, Freiburg • Basel • Wien 1990.

15 Frère Roger, Jeder Tag ein Heute Gottes, Herder Verlag, Freiburg • Basel • Wien, 1992.

16 Cyriakus Schneegass, in: Evangelisches Gesangbuch, Evgl. Presseverband Baden, Karlsruhe 1995, Nr. 398.

17 Heinrich Seuse, Büchlein der Ewigen Weisheit, hg. von Paul Mons, Johann Josef Zimmer Verlag, Trier 1968.

[18] Heinrich Seuse, in: Deutsche Mystik, aus den Schriften von Heinrich Seuse und Johannes Tauler, hg. von Winfried Zeller, Eugen Diederichs Verlag, Düsseldorf • Köln 1967.

[19] Teresa von Avila, Die innere Burg, hg. von Fritz Vogelsang, Diogenes Verlag, Zürich 1979.

[20] Theresia von Jesu, Das Leben der heiligen Theresia von Jesu, hg. von P. Aloysius Alkofer, Kösel-Verlag, München und Kempten 1984[6].

[21] Gerhard Tersteegen, Geistliches Blumengärtlein inniger Seelen, Steinkopf Verlag, Stuttgart 1988[3] der Neueren Ausg.

[22] Gerhard Tersteegen, Weg der Wahrheit, Steinkopf Verlag, Stuttgart 1968.

[23] Gerhard Tersteegen, zitiert nach: Giovanna della Croce, Gerhard Tersteegen, Peter Lang Verlag, Bern • Frankfurt am Main • Las Vegas 1979.

[24] Gerhard Tersteegen, Christliche Reden, Bd. I, hg. von Albert Löschhorn und Winfried Zeller, Vandenhoeck & Ruprecht, Göttingen 1979.

[25] Simone Weil, Das Unglück und die Gottesliebe, Kösel-Verlag, München 1953.

[26] Winfried Zeller, Theologie und Frömmigkeit, Gesammelte Aufsätze, Bd. II, Marburg 1978.